谢冬荣 著

李慈铭研究

国家图书馆出版社

图书在版编目（CIP）数据

李慈铭研究 / 谢冬荣著 . –– 北京：国家图书馆出版社，2016.7
ISBN 978-7-5013-5925-7

Ⅰ . ①李⋯ Ⅱ . ①谢⋯ Ⅲ . ①李慈铭（1830–1894）—人物研究
Ⅳ . ① K825.6

中国版本图书馆 CIP 数据核字（2016）第 204080 号

书　　名　李慈铭研究
著　　者　谢冬荣 著
责任编辑　南江涛
封面设计　程春燕

出　　版　国家图书馆出版社（100034　北京市西城区文津街 7 号）
　　　　　（原书目文献出版社　北京图书馆出版社）
发　　行　010-66114536　66126153　66151313　66175620
　　　　　　　66121706（传真）　66126156（门市部）
E - mail　nlcpress@nlc.cn（邮购）
Website　www.nlcpress.com →投稿中心
经　　销　新华书店
印　　刷　河北三河弘翰印务有限公司
版　　次　2016 年 7 月第 1 版　2016 年 7 月第 1 次印刷

开　　本　710×1000（毫米）　1/16
字　　数　152 千字
印　　张　12.25

书　　号　ISBN 978-7-5013-5925-7
定　　价　49.80 元

目　录

绪　论

第一节　选题意义

李慈铭（1830—1894），浙江会稽（今绍兴）人，字爱伯，号越缦，又号霞川，小字莼客。清道光三十年（1850）秀才，同治九年（1870）举人，光绪六年（1880）进士，历官户部江南司郎中、山西道监察御史。他是同光时期著名的学者，在藏书、读书、著述、学术等方面取得了令人瞩目的成就。

李慈铭一生酷爱藏书，共藏书八百余种一万余册，近五万卷。这个数量如果与杨以增、丁丙、陆心源等藏书家的藏书相比，固然还存在一定差距，但是如果考虑到这是一个学者的藏书，那么这个数量就已然蔚为大观了。

李慈铭的读书在晚清非常著名，所撰写的读书记散见于他的日记以及藏书当中。李氏藏书之所以出名，并不是因为版本的珍贵，而是因为书上的批校题跋。在李氏藏书中，经李慈铭批校题跋的达二百余种，约占其藏书量的三分之一。批校题跋的内容或校勘文字，或考证史实，或评论书法，或增补内容，具有重要的价值，不仅有助于我们研究所读古籍，而且也有助于我们研究李慈铭的学术思想。后人从李氏日记及藏书中整理出来的读书札记就达数巨册之多。由此可见李氏读书功力之深。

李慈铭一生著述等身，经史子集四部皆有涉及，包括《越缦经说》《说文举要》《明谥法考》《国朝儒林经籍小志》《越缦堂读书记》《越缦笔记》《湖塘林馆骈体文钞》《霞川花隐词》等百余卷，而其所撰写的七十余册《越缦堂日记》尤为著名。《越缦堂日记》起咸丰四年（1854），迄光绪二十年（1894），前后四十余年，不仅详细记载了李慈铭大半生的历史，而且也记载了晚清四十余年政治、经济、文化、社会生活等各个方面，被称为日记之大观、掌故之渊薮，与翁同龢的《翁文恭公日记》、王闿运的《湘绮楼日记》、叶昌炽的《缘督庐日记》合称为"晚清四大日记"。尽管李氏著述宏富，但是得以刊印的数量并不多，仍然有为数众多的著作以稿本、钞本的形态存世，有的甚至已经亡佚。因此，有必要对李慈铭的著述进行系统的梳理，研究其刊印情况，了解其存世状况，从而对李氏著述有一个整体、全面的把握。

李慈铭旧学功底深厚，在传统的经学、史学、文学等方面成就斐然，时人及后世学者对此多予以肯定。早在同治十一年，李慈铭的弟子陶方琦在钞本《越缦堂日记》后的跋语中提到："越缦先生邃于经史之学，凡百家诸子以及地志、内典之书靡不关览……凡一书无不悉其殿最，雠书既富，俨为大儒矣。所著书甚多，尽得力于汉魏师儒之说，尤精训诂声音之学，故能上接阎、顾、江、惠、戴、钱诸儒而集其大成也。"[1] 平步青认为："君自谓于经史子集以及稗官、梵夹、诗余、传奇无不涉猎而橅放之，而所致力者莫如史，所为散文、骈体、考据笔记、诗歌、词曲积稿数尺，而所得意者莫如诗。读者以为定论。"[2] 徐世昌主持编纂的《清儒学案》专为李慈铭设立"越缦学案"，并且认为"越缦洞明三礼，尤精小学，博极群书，勤于考订，兼尊朱学，谓可以治心。生前为词章之名所掩，殁后遗书渐出，学者服其翔实，翕然称之"[3]。杨树达高度评价李慈铭的考

---

① 陶方琦：《〈越缦堂日记〉跋》，《天津图书馆孤本秘籍丛书》第4册，北京：中华全国图书馆文献缩微复制中心1999年影印本。

② 平步青：《掌山西道监察御史督理街道李君莼客传》，清光绪刻本《白桦绛柎阁诗》附。

③ 徐世昌：《清儒学案》卷一八五，中国书店1990年影印本。

证史实的成就，认为"乃承钱、洪之流而为有清一代之后殿者也"[①]。

　　在同光时期的学术界，李慈铭应该说是属于一流人物，他的藏书、读书、著述以及学术都备受当时学人的关注。通过对李慈铭的研究，不仅可以全面认识这位晚清著名的学者，而且还可以借此考察、揭示同光时期学术界的状况。由于李慈铭没有位居显赫之位，而且所研究的内容多属旧学范畴，随着时代的变迁以及学界关注焦点的变化，像他这一类的旧学人士渐渐地淡出人们的研究视野当中。因此，百余年来，关于李慈铭的研究无论是论著的数量，还是研究的深度和广度，都与李慈铭的成就极不相称。

---

① 杨树达：《〈越缦堂读史札记〉序》，民国国立北平图书馆铅印本。

第二节　研究现状

　　民国时期曾出现数篇李慈铭的研究论文，不过水平较高者寥寥无几。上世纪 80 年代以后，李慈铭研究逐渐受到学界的关注。不过，学者主要围绕李慈铭本人及其日记等主题而展开研究，交游、藏书、学术方面的研究比较薄弱。下面将李慈铭逝世后一百余年来的研究现状简述如下。

一、总论

　　李慈铭卒后，友人平步青撰写的《掌山西道监察御史督理街道李君莼客传》简要叙述了李慈铭的生平、治学和著述。吴振芝的《李慈铭先生之人格与风格》从忧时、律己、待人、读书、生活情趣等方面分析了李慈铭的人格和风格，认为"李慈铭先生是如此一位忧国忧民，律己严，待人宽，力疾治学，而又富于生活情趣的长者"[①]。蒋君章《李慈铭》一文详细考察了李慈铭一生的经历，并简述其著述、史学研究和诗文成就[②]。吴其敏在《李慈铭和他的日记》中评价李慈铭道："在清季同光期间，他不独以诗文名于时，论学评史，以其闳览精思，鞭辟近里，有所臧否，

---

　　① 吴振芝：《李慈铭先生之人格与风格》，《反攻》第 304 期，转引自《李慈铭传记资料》，台北：天一出版社 1981 年影印本，上编第 10—13 页。
　　② 蒋君章：《李慈铭》，《中国文学史论集》（四），转引自《李慈铭传记资料》，下编第 8—17 页。

不轻假借，也为士林魁杰。"① 张舜徽对李慈铭的评价并不高："要其一生所学，悉荟萃于《越缦堂日记》中，余尝反覆究览，知慈铭于经史小学，皆无专长。一生又好雌黄，不轻许可，终不免文士陋习，《清史稿》列之文苑传末，实为平允。"②

董丛林的《论晚清名士李慈铭》是李慈铭研究中的力作，认为李慈铭是我们了解当时名士群体的历史标本。文章首先勾勒了李慈铭一生的生活画面：科场上的蹇滞、官场上的落寞、情场上的悲哀、文场上的显扬，并用"徘徊在角斗场与游戏场间"一语来概括李慈铭的生活轨迹和情态，认为"其高远的心志是在角斗场取胜，而实际的境况却是更多地在游戏场消磨"；文章对李慈铭"举世目为狂生"中"狂"字的意蕴进行了分析，认为李慈铭一生是"狂"与"儒""傲"与"绥"的对立统一，"体现了李慈铭人生的基本生活特征，也反映着他个人与社会间的一种微妙关系"；文章从"业缘性"社会角色的角度，认为李慈铭给人的基本印象只能是"帮闲"和"殿军"而已：一方面"他是他所属的那个阶级政坛上的帮闲"，另一方面，他不仅是近代旧文学的殿军，而且在跟随的队伍中，也在"殿军"之列；最后，文章从社会角色的典型性、思想特征的典型性等方面分析李慈铭作为晚清名士"标本"的意义③。刘孝文、岳爱荣、尉春艳的《晚清名士李慈铭的藏书、读书与著述》论述了李慈铭的藏书来源与归宿，分析阐释了其读书内容与治学方法，介绍了其著述及版本④。

---

① 吴其敏：《李慈铭和他的日记》，《文史小札》，转引自《李慈铭传记资料》，下编第 18—19 页。
② 张舜徽：《清人文集别录》卷二十，北京：中华书局 1963 年版，第 548 页。
③ 董丛林：《论晚清名士李慈铭》，《近代史研究》1996 年第 5 期。
④ 刘孝文等：《晚清名士李慈铭的藏书、读书与著述》，《山东图书馆学刊》2014 年第 4 期。

卢敦基的《彷徨歧路——晚清名士李慈铭》是目前所见大陆研究李慈铭最有分量的专著。该书分为五章：第一章"李慈铭生平事略"简述李氏生平；第二章"李慈铭的学术观与学术成就"考察了李慈铭学术观的形成过程，认为他的学术观是尊崇汉学，对于宋学"尊重和支持他们的道德担当，同时不认同他们的学术活动和学术成果"，并研究了他的经学、史学方面的成就；第三章"李慈铭的诗学及诗作"认为李慈铭诗论的主要内容"是以'陶冶古人，自成面目'为根本宗旨，以王渔洋与明诗为取法途径，以重估经典为锻炼之方法，在诗学的多方面作出了许多饶有新意的思考，能别开生面，道前人之所未道，可启迪后人之处不少"；第四章"李慈铭的古文批评及其创作实践"概括了李慈铭古文批评的核心内容包括三个方面：坚持古文的文学性、强调以文体立论、坚持对具体作品作具体分析；第五章"从李慈铭看中国 19 世纪江南士绅的日常文学生活"则重点阐述了李慈铭的日常文学生活 [1]。

二、交游研究

李慈铭与赵之谦的关系是交游研究的重点。郑秉珊《赵之谦与李慈铭》一文将作为文人的李慈铭和作为豪士的赵之谦进行比较，并且分析了两人不同的治学宗旨 [2]。朱正在《李莼客与赵㧑叔》一文中详细分析了李慈铭与赵之谦成仇结怨的过程 [3]。此外，王世儒《蔡元培与李慈铭》探讨了蔡元培与李慈铭的交游历程，认为两人的交情非同泛泛，并重点叙

① 卢敦基：《彷徨歧路——晚清名士李慈铭》，北京：社会科学文献出版社 2012 年版。

② 郑秉珊：《赵之谦与李慈铭》，《古今》第 30 期，转引自《李慈铭传记资料》，上编第 49—51 页。

③ 朱正：《李莼客与赵㧑叔》，《鲁迅研究月刊》1998 年第 7 期。

述了蔡元培刊印《越缦堂日记》的详细过程①。张桂丽《李慈铭与时人交恶考》论述了周星誉、周星诒、潘祖荫、赵之谦、张之洞、王闿运、袁昶、周福清、王星诚等人交恶的经过②。刘孝文、岳爱荣《晚清学者李慈铭交游考》认为李慈铭的交游对象有浙籍同乡、官员乡绅、诗文名流，交游的主要内容包括冶游娱乐、诗作唱和、人情往来、吉庆丧吊、宴饮集会、序跋题画、互赠书籍等，通过广泛的交游，对李慈铭的生活、科举仕途以及学术修养都起到了推动作用③。

三、藏书研究

陶承杏《关于越缦堂藏书》对李慈铭的藏书由来及其归宿有较详细的论述，是系统研究越缦堂藏书的开山之作④。沈家骏《李慈铭〈越缦堂日记〉并藏书易主经过》依据表姐李徵（李慈铭孙女）的谈话，叙述李慈铭《越缦堂日记》及其藏书流散的经过⑤。张桂丽《李慈铭藏书归宿述略》则在陶文的基础上对越缦堂藏书归宿以及藏书特色作了重点考察⑥。

四、著述研究

王重民所著《李越缦先生著述考》一文，对此前出版的李氏著作进

---

① 王世儒：《蔡元培与李慈铭》，载《蔡元培研究集——纪念蔡元培先生诞辰130周年国际学术讨论会文集》，北京：北京大学出版社1999年版，第486—497页。
② 张桂丽：《李慈铭与时人交恶考》，《北方论丛》2013年第6期。
③ 刘孝文、岳爱荣：《晚清学者李慈铭交游考》，《河北民族师范学院学报》2014年第1期。
④ 陶承杏：《关于越缦堂藏书》，《古今》第49期，转引自《李慈铭传记资料》，上编第51—52页。
⑤ 沈家骏：《李慈铭〈越缦堂日记〉并藏书易主经过》，《绍兴文史资料选辑》第10辑。
⑥ 张桂丽：《李慈铭藏书归宿述略》，《图书馆研究与工作》2007年第2期。

行了详细的梳理、考证，并对未刊者和未见传本者也加以说明①。此文是继平步青《掌山西道监察御史督理街道李君莼客传》之后又一次对李氏著作目录所作的整理与研究。张桂丽《李慈铭著述考略》在王文的基础上，对李慈铭的著述进行了系统的梳理，并略加考证②。周容《李慈铭〈杏花香雪斋诗〉版本考述》简述了李慈铭诗集的概况，分析《杏花香雪斋诗》众选辑本的来源，重点考察了国学选粹本、上图藏钞本、国图藏钞本，指出国图本最接近二集底稿性质③。张桂丽的《李慈铭遗序辑释》④《李慈铭自序文辑释》⑤二文则对李氏遗文进行辑录。

　　日记研究是李慈铭著述研究的重要内容，日记出版与价值、《荀学斋日记》的流传是学者的主要关注点。

　　日记出版与价值方面。1988年2月3日，张晓唯在《人民日报》海外版上发表了《蔡元培和〈越缦堂日记〉》一文，详细探讨了蔡元培主持刊印《越缦堂日记》的过程⑥。祁龙威《胡适评〈越缦堂日记〉》一文指出胡适曾在自己的日记中对《越缦堂日记》有过评判，认为李慈铭长年坚持写日记实属难能可贵，日记中的读书札记大部分是好的，记事部分在很多地方可以补历史之缺。祁文认为胡氏的评价大体公允，发人省思⑦。周涛的硕士论文《〈越缦堂日记〉研究》对《越缦堂日记》进行

---

① 王重民：《李越缦先生著述考》，《国立北平图书馆馆刊》第6卷第5号。
② 张桂丽：《李慈铭著述考略》，《图书馆研究与工作》2013年第3期。
③ 周容：《李慈铭〈杏花香雪斋诗〉版本考述》，《文献》2008年第2期。
④ 张桂丽：《李慈铭遗序辑释》，《文献》2012年第3期。
⑤ 张桂丽：《李慈铭自序文辑释》，《古籍整理研究学刊》2015年第2期。
⑥ 张晓唯：《蔡元培和〈越缦堂日记〉》，《人民日报》（海外版）1988年2月3日，第7版。
⑦ 祁龙威：《胡适评〈越缦堂日记〉》，《扬州大学学报》（人文社会科学版）2003年5月第7卷第3期。

了深入、系统的研究。全文共分五章:《越缦堂日记》产生的历史背景;李慈铭的生平和著述;《越缦堂日记》的主体内容;《越缦堂日记》的价值和不足;《越缦堂日记》的版本和引用。论文认为《越缦堂日记》的内容可以归纳为"月日晴雨""国之大政""朋友往来""家之亨困""经史功课"等五类,《越缦堂日记》的价值体现在"补史传""启后学""益人心"等方面,而其不足之处则表现为文字讹误为数不少、评论极少数人物往往有所偏执。同时,论文还简述了李慈铭的著作以及《越缦堂日记》的各种版本,并探讨了小说家和谈掌故者对《越缦堂日记》的引用①。

《荀学斋日记》的流传方面。1988年3月25日,《人民日报》海外版发表了署名"海波"的文章《关于李越缦〈荀学斋日记〉——兼为〈蔡元培和《越缦堂日记》〉一文补正》,作者称有幸见到了樊增祥借去的那部分日记,并对其特征、内容、价值等进行了介绍。张晓唯在《越缦日记"佚稿"失而复得》中详细叙述了《荀学斋日记》失而复得的详细经过②。祁龙威的《读李慈铭的最后一函〈日记〉》通过阅读《荀学斋日记》,指出此前樊增祥因最后一函《日记》中有痛斥自己的内容投火烧毁的说法乃无稽之谈,通过分析日记中的内容,作者认为之所以不公诸于世的原因是日记揭露了晚清统治者的腐朽政治,是晚清王朝的"谤书",同时,作者还认为这一函日记中的读书札记可以补由云龙《越缦堂读书记》之缺③。陈左高《历代日记丛谈》一书中对越缦堂各部分日记有详细的论述。值得一提的是,作者在本书中不仅揭示、整理了李慈铭的另一部分日记

---

① 周涛:《〈越缦堂日记〉研究》(硕士论文),扬州大学,2005年5月。

② 张晓唯:《越缦日记"佚稿"失而复得》,《历史教学》2003年第5期。

③ 祁龙威:《读李慈铭的最后一函〈日记〉》,《扬州大学学报》(人文社会科学版)2004年5月第8卷第3期。

手稿《癸巳琐院旬日记》，而且认为樊增祥之所以借《荀学斋日记》未还的原因是由于其中内容多有关樊增祥与李慈铭交往的记载，樊增祥珍秘爱赏而藏匿不出 ①。此观点与祁龙威的观点不同。

近年来，以《越缦堂日记》为基本素材，研究晚清政治生态、社会经济、文化生活成为李慈铭研究的一大亮点。查时杰的硕士论文《从〈越缦堂日记〉看晚清的"清议"》以《越缦堂日记》为基础，分析晚清"清议"的产生背景、内容、特质、演变、消长及其影响 ②。吴振芝《〈越缦堂日记〉中所见李慈铭先生收支状况分析》根据《越缦堂日记》的记载，分析李慈铭在同治二年（1863）四月至同治三年（1864）三月一年的收支状况，以窥见当时清高京官生活之一斑 ③。张德昌《清季一个京官的生活》一书研究李慈铭的京官生活，分析其经济收入，指出京官经济窘困的真象，揭露京官的官场积习和生活方式 ④。卢敦基的《从李慈铭看十九世纪江南士绅的日常文学生活》一文拓宽了李慈铭文学研究的视野。该文以李慈铭为个案，认为咸丰四年至九年间（1854—1859）李氏乡居的日记反映了 19 世纪中叶江南士绅的日常文学生活。文章分析了李氏这五年间的社会地位、经济状况和日常生活，重点是他的日常文学生活，进而揭示出李氏的日常生活与文学创作之间的关系 ⑤。

① 陈左高：《历代日记丛谈》，上海：上海画报出版社 2004 年版，第 88—95 页。

② 查时杰：《从〈越缦堂日记〉看晚清的"清议"》（硕士论文），台湾大学，1965 年，转引自《李慈铭传记资料》，上编第 20—42、67—73 页。

③ 吴振芝：《〈越缦堂日记〉中所见李慈铭先生收支状况分析》，《大陆杂志》第 31 卷第 3 期，转引自《李慈铭传记资料》，上编第 66—67 页。

④ 张德昌：《清季一个京官的生活》，香港：香港中文大学 1970 年版，转引自《李慈铭传记资料》，下编第 20—46 页。

⑤ 卢敦基：《从李慈铭看十九世纪江南士绅的日常文学生活》，《浙江学刊》2005 年第 6 期。

五、学术研究

　　李慈铭的文学成就颇受研究者的关注。田欣欣的《李慈铭诗文简论》一书是第一部研究李慈铭文学成就的专著。该书论述了李氏与当时新派、浙派、中晚唐诗派、汉魏六朝诗派等文坛流派诗人的关系，剖析了李氏"不名一家，不专一代""超妙"的诗学思想，指出他在山水田园诗方面的独特贡献，并总结了他的感怀诗的抒情模式；在散文创作方面，又分析了李氏散文的思想内容、创作风格和艺术成就①。刘再华《李慈铭及其诗歌创作》归纳了李氏诗歌创作的四项内容，并分析其诗学思想②。词学方面，陈桂清的《晚清学者李慈铭的词学思想》勾勒了李慈铭的词学理论体系，认为他"以'风神格韵'论词"，严格区分诗、词之别，也区分词中小令、长调的审美标准，提出"诗人之词"与"词人之词"的区别，而他对浙西词派的批评与纳兰词的品评，有助于咸丰时期及其之后新词风的重建③。马强《论〈霞川花隐词〉中的"愁"》认为《霞川花隐词》中的最显著特色是"愁"，认为"'愁'不仅多，而且各种各样"，其艺术表现手法有三："深厚的语言表述功力""传统的美人香草之旨""以真情注入词中"④。秦敏《李慈铭词学思想与创作平议》分析了李慈铭离合于两宋之间的词学批评，指出此一矛盾正反映了晚清主北宋、倡南宋融合的特征，认为李慈铭论词主张独抒性情，强调培植学养，而其创作实践也

①　田欣欣：《李慈铭诗文简论》，天津：天津古籍出版社 2003 年版。
②　刘再华：《李慈铭及其诗歌创作》，《厦门教育学院学报》2007 年第 4 期。
③　陈桂清：《晚清学者李慈铭的词学思想》，《西华师范大学学报》2009 年第 4 期。
④　马强：《谈〈霞川花隐词〉中的"愁"》，《吉林省教育学院学报》2009 年第 7 期。

正体现了这一点①。

近年来，李慈铭的史学成就逐渐引起大家的关注。陈冬冬、杨越的《试论〈越缦堂日记〉考证、评论正史的成就》指出李慈铭的史学在全面继承乾嘉史学的基础上又在一些局部有所超越，并简要分析了其中的不足之处②。阚红柳《李慈铭读正史——〈越缦堂日记〉读后》解读了李慈铭的读正史生活，并分析了其对正史的评价与见解③。

关于李慈铭的学术思想，罗检秋认为："他主张兼宗汉宋，从考据中寻求义理"，"当然，他最看重的宋学内涵还是儒学伦理"，"体现了清末学者治学立身兼取汉宋的取向"④。

张桂丽的《李慈铭的清学史观——以〈国朝儒林经籍小志〉为中心》讨论了李慈铭对清代前中期学术史的总结和思考，并阐述他尊崇汉学的学术立场及"清学殿军"的学术地位⑤。

总的来说，李慈铭研究越来越受到了学界的关注，关于他的交游、藏书、学术思想、学术成就等都有相关的论文或著述，不过就研究的深度而言尚待加强。本书将在简要考察李慈铭生平的基础上，重点对其交游、藏书、著述、学术等方面进行研究，以期推进对李慈铭这一晚清著名学者的研究。

---

① 秦敏：《李慈铭词学思想与创作平议》，《徐州师范大学学报》2010年第2期。
② 陈冬冬、杨越：《试论〈越缦堂日记〉考证、评论正史的成就》，《乐山师范学院学报》2009年第2期。
③ 阚红柳：《李慈铭读正史——〈越缦堂日记〉读后》，《社会科学战线》2009年第4期。
④ 罗检秋：《嘉庆以来汉学传统的衍变与传承》，北京：中国人民大学出版社2006年，第138页。
⑤ 张桂丽：《李慈铭的清学史观——以〈国朝儒林经籍小志〉为中心》，《中国典籍与文化》2015年第2期。

第一章

李慈铭生平简述

　　李慈铭主要生活在晚清时期，生于浙江，长居京城。热心功名，却屡屡受挫，年已五十方中进士；任职郎署，憎恶冗务，一生孜孜以求者唯在读书、校书。本章以李慈铭居住之地为线索，结合其成就，分悠游乡里、困顿京师、名起越中、京城名士诸节，简单勾勒出李慈铭的生平轨迹。

第一节　悠游乡里

李慈铭本名家模，以模行①，小字莼客，因避家讳，于咸丰六年（1856）改名慈铭，字爱伯，号越缦，又号霞川。道光九年十二月二十七日（1830年1月21日）出生于浙江绍兴府会稽县，为家中长子。未成年之前，李家连遭大难，二伯父、大伯父、祖母、父亲先后去世。尽管如此，由于家境丰裕，李慈铭倒不用为生计发愁。越地山水优美，李慈铭时常与家人或友人出外游览。《萝庵游赏小志》记载诸事即是此时期所为。

咸丰三年（1853）七月，李慈铭与会稽孙垓，祥符周灏孙、周誉芬、周星坫，山阴周光祖、沈昉、王章、杨师震，青田端木百禄，阳湖许棫，上虞徐虞复，萧山陈润、丁文蔚诸人结一文学社——言社。众人推孙垓为社长、沈昉为监社，每月课诗文，轮流主持。咸丰四年（1854）四月，周星誉与蒋坦等人在西湖成立益社。益社取《晏子春秋》"圣贤之君皆有益友，无偷乐之臣"语而得名。益社影响较广，遍及三吴地区；规模较大，参与人员达百余之多。李慈铭被选为监社②。两次文学结社，不仅扩大了李慈铭交游的范围，而且诗文酬唱，相互切磋，有利于提高李慈铭的文学水平。

---

① （清）李慈铭：《越缦堂日记》，扬州：广陵书社 2004 年版，第 1949 页。本书所引《日记》均为此本，下只注页码。

② 《日记》，第 39—40 页。

道光二十四年（1844），李慈铭遵父命，以"闰七夕"为题作五古一首，塾师赞不绝口。不过李慈铭父亲说："吾所望于孺子者不止是也。"[①]言下之意就是不满足于仅仅是塾师的赞许，还有更大的期望，那就是科举，考取进士，博取功名。自六世祖李登瀛中康熙五十一年（1712）进士以来，李氏家族先后有李光涵中道光九年（1829）、李国琇中同治四年（1865）进士。作为家中的长子，李慈铭自然为长辈寄予厚望。不过李慈铭多次参加乡试，或因疾病，或因失误，皆名落孙山。咸丰六年（1856），李慈铭感叹道："予小子垂三十矣，四上四斥，抱一经兀兀为童子师也。"[②]虽然李慈铭称自己素无宦情，但是仕途志仍在，正道蹇涩，于是便希图通过捐纳获得一官半职。咸丰九年（1859）二月二十七日，李慈铭告别家人，北上办理捐纳事宜。

---

① 《日记》，第123页。
② 《日记》，第507页。

第二节 困顿京师

咸丰年间太平军起，江南富庶之地顿时成为战争之所，清政府税收锐减。为筹措资金，清政府广开捐纳之门，准许普通民众通过捐钱来获得官职。于是在科举"正途"之外，又有"捐途"。李慈铭即希图循此途径而入官僚之列。

早在咸丰八年（1858）二月，李慈铭即通过江苏上海丝茶局捐得太常寺博士衔，费银一百二十九两。而由捐职太常博士捐纳分发郎中，共计需花费九千五百三十一两，李慈铭通过福建票本例报捐，只需八百七十五两①。

咸丰十年（1860），李慈铭进京，本以为很快就会完事，不想出了纰漏："予入赀为郎，初意四五月间即可到部，乃闽抚迟至秋时始入奏，户部以予初官太常博士，未及申明，遂持驳议。"②是年春，周星誉、杜五楼将此名额卖与旁人。户部"以予日久不报，遂坐予亏例银三百余两"③。是年冬，李母得知捐纳之事未果，又卖田数十亩，得四百金，托人带至京师，不想被周星誉等人挪用④。直至同治二年（1863），李慈铭方才补交空缺，

---

① 《日记》，第 1035—1036 页。

② 《日记》，第 1057 页。

③ 《日记》，第 2304 页。

④ 李慈铭：《致潘伯寅书》，载《越缦堂诗文集》，上海：上海古籍出版社 2008 年版，第822—823 页。

经吏部签发，为户部候补郎中。

居京师期间，李慈铭面临举目无亲、身无半文的境况，唯一可以信赖的朋友却骗其钱财。这对于初出远门的李慈铭而言无疑是巨大的苦难，有时为了生活，李慈铭不得不典当裘衣以换取生活费用。而远在千里之外的家乡正遭遇战乱，家人生死未卜。客居他乡，李慈铭倍加思亲。这几年的生活给李慈铭留下了深刻的印象，以致此后每每想起这段时间，李慈铭无不咬牙切齿，痛恨周氏兄弟。

抵京后不久，李慈铭即与潘曾绶、潘祖荫父子相识，藉此与诸多名士相识，包括李文田、张之洞、张星鉴、陈骥等人。同治元年（1862），李慈铭又馆于相国周祖培家，交往范围日益广泛。凭借自己的诗文，李慈铭名声鹊起，京城之中颇多人知闻。曾国藩曾有意将之纳入幕府之中①。

居京之时，李慈铭将主要精力用在读书上。所读之书，从之前的以举业为主，转为以学术为主。"三年以来，专研汉唐之古义，沉酣于子史之醰旨，所为古文，颇简奥高丽，不作昌黎以后语；骈体咀汉吮魏，羞作晋宋人言；间为诗词，则不陶不谢，不韩、杜，不温、李、苏、辛，以天地之芬芳，为文章之脂馥，使读者百代见其性情而已。"李慈铭的学术、诗文都得以精进。

居京期间，李慈铭仍然不忘参加科举，不过先后四次都以不售告终。科举不顺，好友陈骥病逝，再加上老母亲的催促，困居北京六年之久的李慈铭决定离京返乡。

---

① 《日记》，第 2665 页。

第三节 名起越中

同治四年（1865）五月初八日，李慈铭启程离京，至闰五月二十一日方才抵达家里。是后直至十年（1871）正月再次离家北上，五年中李慈铭大部分时间都在杭州、绍兴两地活动。其间家中主要发生几件事情：第一，李氏六世祖家训规定不纳妾婢，可是李慈铭与马氏结婚二十三年，未有子嗣，为后代计，李慈铭于同治四年（1865）九月纳妾张氏；第二，五年（1866）七月二十四日，兄弟分家，李慈铭因之前入赘为郎，所以仅分得田五亩；第三，五年（1866）八月十七日，李慈铭母亲倪氏病逝，这对李慈铭打击很大，后来他之所以长居京师，与家无高堂侍奉有关。

同治四年（1865），新派浙江巡抚马新贻到任。上任伊始，马新贻即十分重视兴修水利，成立专门机构办理海塘修建事宜。马新贻对李慈铭这位京官颇为赏识。两人见面不久，马新贻随即邀请李慈铭主持塘捐局①。李慈铭力辞之后，马新贻又邀请他督修西江塘②。这一次李慈铭应允下来。此后数年，李慈铭多次到海塘工地视察，并就工程款事宜多次与知府、巡抚等人交涉③。

---

① 《日记》，第 3358 页。

② 《日记》，第 3382 页。

③ 关于李慈铭督修事宜，可参见《日记》第 3390、3410、3448—3449、3470、3480—3481、3493、3577、4018、4055、4079、4678 等页。

同治四年（1865）五月李慈铭来访之时，马新贻有意留李为自己幕僚。不过李慈铭力辞，并希望进一书院教书，能养家糊口即可。不久蕺山书院出缺，马新贻为之道地。十月初二日，绍兴府知府高次峰正式聘请李慈铭担任蕺山书院讲席，评阅学生试卷。李慈铭担任此席位不久即因同人嫉恨而自请辞职。在《复陈蓝洲书》中，李慈铭简述了此事的过程："尔时抚军倾到方至，高太守之敦请不可谓不诚，弟之引分固辞亦不可谓不力，其觊觎之者若童编修、章御史，齮龁之者，若罗赞善，三人之秽鄙无赖，名节扫地，不可谓不众著……始徐徐出受其聘，是其审泽自处，不可谓不至慎且严。然犹众煦漂山，群蚁竞起，含沙集矢于一老兵之耳，几以它事为所傀中。"① 经此一遭，李慈铭对书院讲席之事心有余悸。同治八年（1869）五月初七日杭州知府邀请他出任东城讲舍山长，李慈铭力辞不就。

同治六年（1867），马新贻奏请设立浙江书局，刊刻书籍以兴文教。马新贻邀请李慈铭出任书局总校勘。书局网罗了众多饱学之士，如陈豪、王麟书、张预、胡凤锦、汪鸣皋、朱昌寿、王棻、谭献、黄以周等人。李慈铭置身其中，得以时常与众人交往，不仅扩大了自己的交游范围，而且也有利于精进自己的学术。

同治六年（1867）十一月，受湖北学政张之洞之邀，李慈铭前往武昌，任其幕僚，襄理文书。只是时间比较短暂，不过一个多月，李慈铭即返回浙江。其缘由为何，尚难判断，或许李慈铭不愿意过仰人鼻息的生活。

同治九年（1870）八月初七日，李慈铭禁不住友人劝说，再次参加

---

① 《越缦堂诗文集》，第852页。另《日记》第4400页载："予前主蕺山，忌者横起，一二地方不齿之赃史，鼓劫顽童，遍播流言，鬼蜮百出。予因力辞于大府而攘夺之。"

乡试。榜发，李慈铭中第二十四名，黄以周、赵铭、王咏霓等都榜上有名。
李慈铭颇为欢喜地感叹道："浙东西古学之士此榜尽矣。"[1] 乡试中举激发
了李慈铭沉寂已久的科场之志。第二年正月刚过，李慈铭即带其姜张氏
离家北上，希图能够乡会试连捷，光宗耀祖。

---

[1]　《日记》，第 4794 页。

第四节　京城名士

同治十年（1871）三月，李慈铭参加会试，遗憾不售。此后十三年（1874）、光绪二年（1876）、三年（1877）李慈铭都参加会试，全部铩羽而归。直至光绪六年（1880），李慈铭方才得中一百名，复试一等第十七名，朝考三等二十二名，算是了却了一番心事。中进士对李慈铭本身没有大的改观。他仍然是以郎中用。光绪十三年（1887）五月十二日，李慈铭由候补改为实授户部江南司郎中。李慈铭不愿意沉寂于郎署中，先后两次参与考差，冀望得一学政。尽管两次考试都是第一，却皆未能如愿。在友人的劝说和资助下，李慈铭补捐御史职。十六年（1890）六月二十二日，李慈铭补授山西道监察御史。于此李慈铭感叹道："行年六十有二，始以正五品左转从五品，强号迁官。"[①] 其时朝政日非，都察院中在职御史"大率猥鄙顽钝，发蒙振落，荼然待尽"，"冀余一旦入台，矫举风棱以言尽责"[②]。李慈铭上任伊始，颇有整顿台纲之举，对官员中不法之徒频频参奏，"大臣则纠孙毓汶、孙楫，疆臣则纠德馨、沈秉成、裕宽"，只可惜收效甚微，"数上疏，均不报"[③]。

京师生活并不容易，特别是对于李慈铭这样的人，没有可观、稳定

---

① 《日记》，第 12521 页。
② 《日记》，第 12129 页。
③ 《清史稿》卷四八六《李慈铭传》，北京：中华书局 1977 年版，第 13440 页。

的收入来源，还得应付庞大的开支。除了为别人撰写文字获得润笔外，主要是依靠朋友接济，还有就是典当衣物等。李慈铭先后将佩表、大衣典当换钱。光绪元年（1875）四月十八日，"以敝裘质京钱七十千，自此箧中物尽矣。"[①] 九年（1883）十月，天津问津书院新设北学海堂，李鸿章想延请李慈铭任讲席，每年修金一千多。李慈铭推辞几次，最终还是答应下来。此后，李慈铭的收入大大提高，可以不用为生计发愁。

李慈铭娶妾张氏后，仍然未有子嗣。光绪四年（1878）四月，李慈铭向友人借一百三十两银子，娶妾席氏。尽管席氏两次怀孕，但都以流产告终，不得已，李慈铭将季弟之子僧喜过继给自己做后代[②]。光绪九年（1883）二月，发妻倪氏进京度晚年，十四年（1888）四月病逝。僧喜从绍兴抵京奔丧，此后一直陪伴于左右。

光绪二十年（1894），中日开战，清军节节失败。李慈铭"感愤扼腕，咯血益剧"[③]，十一月二十四日，溘然病逝。

综观李慈铭一生，科举之途颇多曲折，年近五十方才得中进士，仕途更是不堪回首。两者于传统知识分子至关重要，而李慈铭皆不顺利，又不愿意仰人鼻息，出为幕客，只好在艰难生活中埋头苦读，将自己的情感与智慧寄托于日记及藏书的批校题跋中，而这也正是他一生成就所在。

---

① 《日记》，第 6510 页。
② 僧喜：原名孝璘，李慈铭改名孝珠，字承侯。
③ 平步青：《掌山西道监察御史督理街道李慈铭传》，《日记》，前附第 2 页。

第二章

李慈铭交游研究

李慈铭三十一岁以前居于绍兴，后入京捐官，困于京师，同治四年（1865）离京返乡，来往杭绍间，十年（1871）后又进京应试，长年居住于斯，直至病逝，因此一生游历之地甚少；科举考试屡次顿挫，直至光绪六年（1880）方才得中进士；生性喜欢安静，一生以读书为主。以上诸种因素决定李慈铭交游并不会太广，多局限在同乡或同年之间。即便如此，他与晚清重要的政治、学术文化方面的人物也都有交往。现取李慈铭交游中于其经历、学术等有密切关系的人物二十余位，分师长、友朋、弟子等三类，略加研究，以见其交游之概况。

第一节　师长

宗稷辰（1792—1867）

宗稷辰字涤甫，号涤楼，浙江会稽人，道光元年举人，累官至山东运河道。同治六年（1867），因病辞官。先后主讲余姚龙山书院、山阴蕺山书院，"为学宗王守仁、刘宗周"①。

咸丰年间，御史宗稷辰于居家之时，创设"四贤讲舍"，招纳贤才俊杰。李慈铭参与其中，学习举业，成为宗氏弟子。不过两人似乎观点不一致，"一日，予与宗先生论学不合，宗先生嗤点予文。君（王星诚）闻之，怒甚，以告予，予遂不复至宗先生门。君亦不往。宗先生屡好言相谢，两人始复称弟子，然终不以所作视宗先生矣"②。李慈铭虽名为宗稷辰门生，但并未继承其衣钵。咸丰、同治困顿京师及里居之时，李慈铭也时常拜访宗稷辰。李慈铭对宗稷辰的文章颇不以为是，"涤翁喜言道学，不能为有韵之文"，③认为他"一生无良师友以相切磋，所就遂仅至于此"④。尽管如此，李慈铭对宗稷辰的评价还是比较高的，"要之涤翁文，自可与包孟开、梅伯言骖驔后先，在吾乡中，正与潘少白分军角立"⑤。同治六年

---

① 《清史稿》卷四二三《宗稷辰传》，第 12201 页。
② 《越缦堂诗文集》，第 932 页。
③ 《日记》，第 2404 页。
④ 《日记》，第 2405 页。
⑤ 《日记》，第 2405—2406 页。

（1867）十一月初一日，李慈铭得知宗稷辰病逝后，感叹道："越中耆旧存者惟师。"①

周祖培（1794—1867）

周祖培字淑滋，号芝台，河南商城人，嘉庆二十四年（1819）进士，历官刑部、兵部、户部、吏部等尚书，授体仁阁大学士，卒谥文勤，系咸同重臣。

同治元年（1862）二月初四日，周文俞代转其父周祖培之意，延请李慈铭为塾师，教授文龠、文令二位弟弟②。初九日，行拜师礼后，李慈铭正式入住周家，开始馆课生活③。这对于困居京师的李慈铭而言无异于一份美差：既有安身之所，又有谋生之道，闲暇时间还能够读书会友。除教书之外，李慈铭还承担周祖培书记的职责，帮助他处理文稿，如撰写谢恩折④、代撰书函⑤等；解答瓜洲原始以及卒猝二字本义⑥；周祖培任实录馆稿本总裁时，李慈铭还审阅部分实录⑦。周祖培不仅时常资助李慈铭，而且还与之畅谈，指出李慈铭能读书而不能做官，"尤为切中予病"⑧。教授官宦子弟颇费心力："终日为不肖门人所聒扰，甚厌恶之，辞馆之意决矣。小人不可与作缘，信哉。"⑨同治三年（1864）九月乡试落榜后，再

---

① 《日记》，第 3909 页。
② 《日记》，第 2088 页。
③ 《日记》，第 2092 页。
④ 《日记》，第 2194 页。
⑤ 《日记》，第 2468 页。
⑥ 《日记》，第 2460 页。
⑦ 《日记》，第 2512 页。
⑧ 《日记》，第 2361 页。
⑨ 《日记》，第 2919 页。

加上离家过久，李慈铭决计辞馆返乡。九月十七日，李慈铭上书周祖培辞馆。不过直至四年（1865）正月二十日，方才完全辞掉。五月初五日，李慈铭归期将近，周祖培亲来告别，并说："君太夫人年未老，君行必速返。予老矣，悬一榻以待君也。"① 于此足可见周祖培对李慈铭的赏识。同治六年（1866）五月二十五日，返乡在家的李慈铭得知周祖培去世的消息后，为之黯惨，认为："相国容容保位，无它可称，而清慎自持，终不失为君子。其于鄙人亦不足称知己，然三年设醴，久而益敬，且时时称道其文章。颇以国器相期，常谓其门下士曰，汝辈甲科高第，然学问不能及李君十一。"② 在人生困境之时，得一长者的鼓励，李慈铭自然颇为感动。同治十年（1871）五月十八日，周文俞请撰其父神道碑，李慈铭欣然应允。

刘有铭（1805—1876）

刘有铭字缄三，一字镌山，号蔗圃，直隶南皮人，道光二十七年（1847）进士，历任翰林院编修、侍讲学士、监察御史、左副都御史、太常寺卿等。同治九年（1870），刘有铭为浙江乡试正考官，李慈铭拜见时，评价他是"鬶鬶忠厚人也"③。张之洞之父于刘有铭执中表，而李慈铭与张之洞关系甚好，因为这层关系，李慈铭与刘有铭颇有交往，时常参加刘氏宴请，并为其撰写七十寿序。光绪二年（1876），刘有铭暴亡，李慈铭闻之惊痛，并作诗二首怀之。刘有铭曾以诗集嘱李慈铭审订，临死前，

---

① 《越缦堂诗文集》，第 945 页。
② 《日记》，第 3800 页。
③ 《日记》，第 4800 页。

遗言请慈铭作诗集序①。光绪四年（1878）十一月初二日，李慈铭为刘有铭《蔗圃自订诗文集》写一跋尾，认为其诗文"皆率意而出，然真气流露，自为长者之言"②。

潘曾绶（1810—1883）

潘曾绶本名曾鉴，字绂庭，江苏吴县人，道光二十年（1840）举人，后任内阁中书、方略馆分校、国史馆、玉牒馆总校、内阁侍读等职，系潘祖荫之父。李慈铭之诗名，潘曾绶早有耳闻，咸丰九年（1859）九月，李慈铭到京后不久，潘曾绶就多次亲自上门拜访，李慈铭颇有受宠若惊之感。在阅读慈铭日记后，潘曾绶认为"当今无两"。初二日，两人谈论诗文甚久。是后，两人时常就诗歌创作、赏析进行交流。光绪九年（1883）正月二十三日得知绂翁已于昨日病逝后，李慈铭"即走哭之"。回顾以往的交游，李慈铭认为："余辱丈知最深，近年所作必际余改定手书，间日即至。"③五月，潘祖荫请李慈铭为其父作墓志铭。李慈铭在文中概述了两人的交游历史："慈铭自岁己未入都，遭横逆之祸，屏居草食，公独先过访，折节忘年，因得交于少宰及尚书，文字往复，投分日挚。及辛未再入都……公与少宰缱绻有加，析疑赏奇，书翰日接。及戊寅少宰薨逝，公亦老病，概绝还往，而慈铭所居保安寺街，去公邸不半里，犹岁三四至。"④

---

① 《日记》，第 7027 页载《哭刘镶山师》，其二有云"自惭老病荷深知，凄绝弥留索序诗"，注曰："师今春曾以诗集属订定，临殁时，遗言索予序。"
② 《日记》，第 8060 页。
③ 《日记》，第 9764 页。
④ 《越缦堂诗文集》，第 955 页。

周寿昌（1814—1884）

周寿昌字应甫，一字荇农，晚号自庵，湖南长沙人，道光二十五年（1845）进士，先后任侍讲、侍读、日讲起居注官，同治五年（1866）迁庶子，充实录馆纂修、总校，九年（1870）转侍讲学士、侍读学士，后任詹事府詹事，光绪二年（1876）为内阁学士兼礼部侍郎衔，四年（1878）以疾致仕。著有《思益堂文集》十卷、《诗集》二十卷、《诗余》四卷、《日札》六十卷、《前汉书注校补》五十六卷、《后汉书注补正》八卷、《三国志注证遗》四卷、《五代史纂注补续》一卷，另编有《宫闱文选》十卷①。

周、李二人得以结识缘于书。同治二年（1863），李慈铭偶然在厂肆购得一部《读书偶识》三册，原是周寿昌之书。十年（1871）九月初八日，因打算将此书付梓，周寿昌托张之洞致信李慈铭，申请赎购此书②。这说明周寿昌与李慈铭此前还不熟悉，要不然就不会通过张之洞来办理此事。第二天，李慈铭赴慈仁寺登高之集，内中就有周寿昌。两人藉此相识。十一月二十六日，周寿昌举行消寒第一集，李慈铭与会，自此两人逐渐熟悉。同治十一年（1872）在给李文田的信中，李慈铭就谈及此次聚会："去冬与香涛、研樵及周荇农学士、谢麐伯、陈六舟两编修、温味秋赞善、陈逸山户部、同乡朱肯夫编修，联一文酒之会，迄今犹时相聚。"③光绪初年，因为周寿昌足疾缘故，两人有四五年未曾见面，六年（1880）以后

---

① 周礼昌：《诰授光禄大夫内阁学士兼礼部侍郎衔周公荇农府君行状》，载《清代碑传全集》，上海：上海古籍出版社1987年版，第1226—1227页。

② 《日记》，第5122页。

③ 《越缦堂诗文集》，第1309页。

逐渐频繁①。

周、李二人的交往主要体现在诗歌酬唱、书画鉴赏、学术交流三方面：诗歌酬唱方面，两人多通过文酒之会相互作诗酬唱，光绪十年（1884）正月初一日，李慈铭在《甲申元日柬周荇文》一诗中有"二品归无半顷田"语，周寿昌颇为赞赏，欲以此句刻一印章，通过此事可见周寿昌对李慈铭诗歌的赞赏；书画鉴赏方面，周寿昌家富收藏，时常请李慈铭到家鉴赏，同治十二年（1873）十二月二十二日周寿昌在家向李慈铭等客人展示新得赵孟𫖯楷书《道德经》②，光绪八年（1882）二月二十八日，李慈铭在周寿昌家观赏《华山碑》③，其后周寿昌又以所藏《东坡墨竹诗跋真迹手卷》④唐画《北齐校书图卷》⑤《文信公家书手迹》⑥嘱题；学术交流方面，周寿昌致力两汉书、《三国志》等研究，时常将自己所撰著述请李慈铭指正。光绪六年（1880）十一月十五日，周寿昌"以所著《两汉书札记》中辨正地理者数条见商，并以《三国志札记》一册属阅"⑦。李慈铭为《三国志札记》补正数条。十七日，周寿昌又以《后汉书札记》属阅⑧。李慈铭为勘校补注六条。光绪八年（1882）六月初十日，李慈铭阅周寿昌第十八次写本《汉书注校补》，为之附签四条、校讹脱三条⑨。九月初四日，周寿

---

① 《日记》，第 8871 页载："（光绪六年十一月初三日）周荇农阁学来，四五年不相见矣。髭须皓然，足疾未大愈，而精神矍铄，可喜也。"

② 《日记》，第 5991 页。

③ 《日记》，第 9358 页。

④ 《日记》，第 9378—9379 页。

⑤ 《日记》，第 9384 页。

⑥ 《日记》，第 9406 页。

⑦ 《日记》，第 8882 页。

⑧ 《日记》，第 8884 页。

⑨ 《日记》，第 9489—9490 页。

昌又以所著《思益堂日札》送阅①。光绪九年（1883）三月二十九日，李慈铭校阅《三国志注证遗》，为补订七条②。举凡周寿昌的重要学术著作，都曾经李慈铭审阅，足见周寿昌对李慈铭学术的肯定。

光绪十年（1884）七月十二日，周寿昌将自己绘图团扇一把赠与李慈铭，并说"近日病甚，恐此后不能再画"③；八月二十八日，又赠手绘春湖采莼图折扇④。此虽小事，却折射出两者的密切关系。十月二十八日，在得知周寿昌已于前一日病逝的消息后，李慈铭"即素衣往哭之"，并感叹道："老辈深交，从此遂尽。一棺已盖，音容渺然，深可悲也。"⑤惋惜之情溢于言表。

徐　桐（1820—1900）

徐桐字豫如，号荫轩，汉军正蓝旗人。道光三十年（1850）进士，官至体仁阁大学士。徐桐崇宋儒之说，"守旧，恶西学如仇。门人言新政者，屏不令人谒"⑥。同治三年（1864），李慈铭顺天乡试落榜。房师徐桐对此颇为惋惜，认为李慈铭的学力在张之洞之上。遭遇南北八试落榜的李慈铭非常感动："生平偃蹇场屋，所获知己亦仅太史一人。"⑦光绪六年（1880），李慈铭参加会试，徐桐派任覆试、殿试阅卷官。李慈铭听说徐桐"颇以余不得鼎甲为惜"⑧。

---

① 《日记》，第 9589 页。

② 《日记》，第 9837 页。

③ 《日记》，第 10404 页。

④ 《日记》，第 10466 页。

⑤ 《日记》，第 10541 页。

⑥ 《清史稿》卷四六五《徐桐传》，第 12750 页。

⑦ 《日记》，第 2977 页。

⑧ 《日记》，第 8690 页。

李文田（1834—1895）

李文田字若农，一字仲约，广东顺德人。咸丰九年（1859）进士，历官翰林院编修、江西学政、礼部侍郎等职，曾为四川、浙江、江南等地乡试考官。擅长书法，精于碑版之学，研究元史颇有成就，著有《元秘史注》《元史地名考》等[①]。

同治三年（1864）十二月初一日，李慈铭赴友人晚宴，座中即有李文田，此为二人初识。第二天，李文田为李慈铭友人陈骥看病。"予与编修初识面，而能推爱交类，周至尽心，深可感也。"[②]随后数天，李文田多次前往诊脉、开方，陈骥顿有起色。初十日，李文田宴客，李慈铭与焉。二人交往渐密。九年（1870），李文田任浙江乡试副主考。试后李慈铭前往拜访，李文田"极道故谊，且言闱中物色予卷，文笔殊不相似，以为侉异，既惭负知己，又无以对都中故人"[③]。此次乡试李慈铭得中第二十四名，李文田成为其座师。十三年（1874），清政府重修圆明园。六月七日，李文田上疏极力反对，未果，便以回籍养亲为由奏请开缺，得准。七月三十日，李慈铭拜访李文田，谈及此事。文田出示奏稿，李慈铭读后认为"深论危言，详尽痛切，古今之名奏议也"[④]。李文田上奏以后，"（奏稿）绝不告所知，有往询者，则曰已焚稿矣，见之者惟逸山与予等一二人耳。迹其所为，可谓今之古人。"[⑤]此亦可见李文田对李慈铭的信任。

[①] 叶昌炽：《李文田仲约事实》，吴道镕：《礼部右侍郎李公神道碑铭》，分载《清代碑传全集》第 1287、1656—1657 页。

[②] 《日记》，第 3075 页。

[③] 《日记》，第 4800 页。

[④] 《日记》，第 6218 页。

[⑤] 《日记》，第 6219 页。

王先谦（1842—1917）

王先谦字益吾，学者称葵园先生，湖南长沙人。同治四年（1865）进士，曾官编修、江苏学政等职。光绪十五年（1889）卸任江苏学政职后，王先谦即辞官归里，先后主讲思贤讲舍、城南书院、岳麓书院等。据《越缦堂日记》记载，王、李二人的交往始于同治十一年（1872）九月初八日："长沙王编修先谦来，不晤"①，十九日，李慈铭答拜。

同治十三年（1874）会试，王先谦为李慈铭房师，颇为欣赏其试卷："文工甚而诗误作十韵，欲荐不能，与各房传观之，无不叹惜。"② 光绪六年（1880）会试，王先谦唯恐李慈铭不中，复试后，又以不得第一名为遗憾。

王先谦长期潜心研究《汉书》，积三十年之力，撰成《汉书补注》一书，全面总结了历代、特别是清代《汉书》研究成果。李慈铭对《汉书》也颇有研究，两人时常交流研究心得。光绪七年（1881）七月二十日，王先谦以《汉书补注》一卷送阅。拜读之后，李慈铭认为此书"采取矜慎体例，甚善，其附己见亦俱精确，尤详于舆地"，为之增校《武五子传补注》四条③。十月二十三日，王先谦借去李慈铭的《汉书》手校本十五册。至十一月三十日，李慈铭再读《汉书补注·司马迁传》时，发现已附著己说三条。是后李慈铭曾多次审阅《汉书校补》一书，并多有补正。

《皇清经解》是阮元编纂的一部反映清代中前期经学研究概况的大型丛书。王先谦任江苏学政时，欲踵阮氏而接续之，编辑《皇清经解续编》。

---

① 《日记》，第 5501 页。
② 《日记》，第 6120 页。
③ 《日记》，第 9118 页。

王先谦在光绪十三年（1887）曾去信就该书体例和目录征求李慈铭的意见。八月三十日，李慈铭作书王先谦，"言刻《续经解》略例"①。九月初一日，阅读目录，"为之考订，拟去五种，增四十七种，皆已刻已见之书，家法谨严，必当读者"②。十月二十六日，又去信言"当去之书及宜移置次第"③。十月二十一日，王先谦来信，言已将戴望《论语注》删去，桂馥《说文解字义证》缓刻④。李慈铭还重订先贤茹敦和《周易二闾记》，拟交王先谦刻入《皇清经解续编》中。

---

① 《日记》，第 11539 页。
② 《日记》，第 11541 页。另有《复王益吾祭酒》（光绪十三年八月）一书信，详言需增加之书目，参见《越缦堂诗文集》第 862—866 页。
③ 《日记》，第 11596 页。
④ 《日记》，第 11593 页。

第二节 友朋

张星鉴（1819—1877）

张星鉴字问月，一字纬余，号南鸿，江苏昆山人。诸生，曾参四川学政李德仪、湖北学政洪钧、安徽学政费延釐诸人之幕。问学于段玉裁弟子长洲陈奂，力主汉学。

咸丰十年（1860）九月初九日，经吕耀斗之介，李、张二人初次见面："定子介昆山张问月明经星鉴来访，其人精于小学，与顾河之交最挚，新自四川学政幕中入都。"① 十二月十五日，李慈铭读张星鉴八篇古文，对其中《赠何愿船刑部序》颇为赞赏，因其评姚鼐与汉宋学升降之关系，与自己向来主张一致，大有同感。此后两人学术交往越加密切。第二天，张星鉴又以所撰《国朝经学名儒记》求正。十一年（1861）六月初三日，李慈铭与张星鉴谈论"经次及禘祫、明堂、国学等事，历举诸家之说，折衷是正，具有本原，近来仅见者也"②。两人讨论经学，相得甚欢。张星鉴对李慈铭颇为折服，所著《国朝经学名儒记》以及《仰萧楼文话》都商请李氏为之序。李慈铭在致友人顾瑞清的书信中曾提到："贵邑有张秀才星鉴者，储书都中，专意汉学，近与之往复，亦一时之隽也。"③ 同治二

① 《日记》，第 1502 页。
② 《日记》，第 1807 页。
③ 《越缦堂诗文集》，第 819 页。

年（1863），张星鉴拟出京，李慈铭本想于广和居请客为之送行，不想家仆办事不力，前去邀请时张星鉴恰好外出，而晚上李慈铭本想在家等张星鉴一起赴宴，不想星鉴已径前往广和居了，阴差阳错，导致张星鉴产生疑惑，致书大骂，大有绝交之意①。所幸后来误会得以澄清，张星鉴也多次来信谢罪。经此一遭，李慈铭对张星鉴的态度已不如前。嗣后两人的交往也几乎断绝。光绪八年（1882）五月二十八日，李慈铭阅读张星鉴遗著《仰萧楼文集》后，评价道："其文虽不佳，于学问亦无所发明，然多言义行节烈事，贫苦奔走，老褒遗经以没，存其人可也。"②对张氏学问的评价已无片言只字之褒词。

马新贻（1821—1870）

马新贻字毂山，山东菏泽人，谥号端敏。道光二十七年（1847）进士，曾官浙江巡抚、闽浙总督、两江总督等职。同治四年（1865），马新贻任浙江巡抚不久，李慈铭恰好从京师返乡。马对这位京官颇为重视，不仅聘请李慈铭为塘工监督，而且还邀请李慈铭任职戢山讲席，并于同治六年（1867）邀请李慈铭出任新成立的浙江书局总校勘之职，甚至还一度想引为幕僚。同治七年（1868），马新贻调任闽浙总督。二年后李慈铭也北上。两人绝少联系。不过马新贻对李慈铭仍然颇为关注，遇有浙人，即询问其近况。李慈铭对马新贻的知遇之恩颇为感激："予辱与相知，备承推挹，虽居穷忍饿，未曾仰赖毫发，而虚襟略分，有逾故交。"③李慈铭视马新贻为知己，这样的称呼在李慈铭的朋友圈中难得一见。

---

① 《日记》，第 2570—2571 页。
② 《日记》，第 9470 页。
③ 《日记》，第 4759 页。

桂文灿（1823—1884）

桂文灿字子白，一字昊庭，广东南海人。道光二十九年（1849）举人，咸丰二、三年因会试留寓京师，同治元年（1862）再次进京献所著书《经学丛书》，光绪九年（1883）选为湖北郧县知县，为政勤勉，未期年而卒于任。桂文灿是岭南学派重要人物，师事陈澧，追述阮元遗言，为学主张"汉宋兼采"，认为"郑君、朱子皆大儒，其行同，其学亦同"①。

同治元年（1862），桂文灿进京献书，李慈铭通过潘祖荫得读其书："（同治元年十二月初十日）得伯寅书，言昨日有举人桂文灿，进所著《经学丛书》四函，被旨交南书房阅看，以《孝经集证》《群经补证》两函属予代阅。"初见书名，李慈铭对桂文灿即产生好感："此君禀承汉学，著述褒然，阅其书名，已为神往，不谓斯世尚有此人，惜未值其时，恐终无当耳。"拜读之后，更是大加赞赏，直称"真汉学也"②。

二年（1863）二月二十八日，李慈铭与桂文灿初次见面："南海桂浩亭孝廉文灿来访，并借钞本《北堂书钞》。"③两人正式开始交往。不过桂文灿此次居京时日不多，旋即南归，两人更多是通过书信来往。八月十八日，桂文灿寄赠徐灏《通介堂经说》一部五册④，第二年二月初十日，又寄赠所著《郑氏诗笺礼注异义考》，并在信中谈及粤中近来儒学之盛以及《学海堂丛书》之刻⑤。同治十年（1871）四月二十七日，桂文灿抵京来访，两人分别数年后再次见面，文灿谈及校刻《广东图经》之事，随

① 《清史稿》卷四八二《桂文灿传》，第 13287 页。
② 《日记》，第 2200—2201 页。
③ 《日记》，第 2305 页。
④ 《日记》，第 2433 页。
⑤ 《日记》，第 2738 页。

后匆匆话别①。嗣后，在《越缦堂日记》中再未见两人交往的记载。光绪十八年（1892）二月二十三日，桂文灿次子桂垆来京应试，拜谒其父故人李慈铭，并赠以桂文灿遗著《禹贡川泽考》②。

同治二年（1863）八月二十二日，在致桂文灿书中，李慈铭谈及自己的学术根底，并兼评徐灏《通介堂经说》，于此可见李氏学术思想以及二人交往的学术基础。他说："所惠《经说》已略涉一过，考音韵以定训诂，多王氏父子所未及，夫主乎文从字顺，以求经义，而不为新奇高眇及□□繁碎之学，则鲜有不得者。至谓宋儒解经亦尽有是处，尤见持平折衷……徐君守古训古音古义，而不废宋儒，乃真能尊汉学、扶郑义者。"③李慈铭在褒扬徐灏及其《经说》的同时，也表明了其汉宋兼采的学术主张。

陈　骥（1827—1864）

陈骥字德夫，江西新城人，纳赀为主事，于工部都水司行走。咸丰九年（1859）九月，李慈铭抵京后不久就与陈骥相识，"予之识君在咸丰己未，时同应京兆试被放。"相同的境遇使得两人一见如故，大有相见恨晚之意："吾两人皆以赀郎弃于世，皆故家中落，上有老亲，下无子。"④"德甫性情语言，无一不如我意，一见辄恨相得晚，三日不见即相思。"⑤陈骥工于文章，诗歌主盛唐，治经多致力于《礼》，这与李慈铭颇有相同之处。而陈骥在各方面都十分敬服李慈铭，"德夫初与予为文字交，

① 《日记》，第 4996 页。
② 《日记》，第 13166 页。
③ 《日记》，第 2438—2439 页。
④ 《越缦堂诗文集》，第 960 页。
⑤ 《日记》，第 1091 页。

负气不甚肯下予，辛酉以后，始推予古文，去年始盛推予诗及骈文、诗余，今年乃盖推予学识，为百许年所未有，凡予一言一字，无不倾倒"①。李慈铭常常感叹陈骥是自己都下六年所交唯一的死友之人。同治三年（1864）十二月十二日，陈骥不幸病逝。李慈铭对此十分痛心，一个多月后仍然感觉"精意衰陨，殆不如前，动静旁皇，时若有失"②。挚友的离去也是他后来辞馆返乡的重要原因。陈骥之后，李慈铭又与其弟陈鹏关系甚密，并结为兄弟。受陈鹏之托，李慈铭还撰写了陈骥的墓志铭。

傅以礼（1827—1898）

傅以礼原名以豫，字节子，浙江山阴人。同治初捐官县丞，分发福建，官至道员。于明史、特别是南明史颇有研究，著有《华延年室题跋》《残明大统历》《残明宰辅年表》等。傅以礼系李慈铭家居时所交之友。两人初交以诗歌酬唱、探讨举业为主。同治初年，李慈铭自京返里，两人学术交流逐渐密切，主要体现在两个方面：一是明史研究，同治六年（1867）二月二十八日，"午后诣节子商榷明遗臣事，入夜未竟"③。二是明谥法研究，同治六年（1867）正月二十一日，"作书致节子论明谥考可疑者数事"④，二月十八日，"作书致节子，论明谥宜补宜订者各数条"⑤。李慈铭在稿本《明臣谥录》的题记中也提到这段时间"适友人傅以礼节子亦为是考，数相商榷"。此外，傅以礼也请李慈铭为《华延年室金石录》作序⑥、校正《张忠

---

① 《日记》，第 3089 页。
② 《日记》，第 3167 页。
③ 《日记》，第 3743—3744 页。
④ 《日记》，第 3710 页。
⑤ 《日记》，第 3722 页。
⑥ 《日记》，第 3709 页。

烈公集》①。同治六年（1867）八月，傅以礼赴湘，九年（1870）李慈铭北上，两人分隔南北，直至光绪九年（1883）方才在京师会面，"（八月）傅节子自闽来，卅年旧雨，万里远来，适以今日风雨中至"②。

赵　铭（1828—1889）

赵铭字新又，号桐孙，浙江秀水人。同治九年（1870）举人，官至冀州知州，著有《左传质疑》《琴鹤山房遗稿》。赵铭为钟文烝弟子，而钟氏所著《穀梁补注》与李贻德的《春秋左传贾服注辑述》被李慈铭誉为"道光以后所出之书，以二书为巨擘"。李慈铭与赵铭同为同治九年庚午科乡试同年，对赵铭赞赏有加："庚午浙赋一科，秀彦魁奇，肩背相望，而立品之粹，为学之醇，则以君与定海黄君元同为最"，认为他"渊原演深，博而知要，精研经史，兼擅词章"③。居京之时，二人时常来往。李慈铭对赵铭的诗文与学术十分推崇。同治六年（1867）八月初三日，李慈铭"与赵桐孙谈骈文，与王子庄谈《说文》（自注：二君皆深于是学者）"④。七年（1868）八月初八日，评点《琴鹤山房文稿》，认为"桐孙之文辩博而高秀，善言情事，故骈体尤佳"⑤。光绪三年（1877）六月十二日，李慈铭评点《琴鹤山房诗稿》，认为"桐孙博学有文，其诗长于隶事，凡感时、咏史之作颇有佳篇"⑥。赵铭所著《左传质疑》，李慈铭也是颇加褒奖："其言皆实事求是，不务为攻击辩驳之辞。每树一义，必有坚据；每设一难，

---

① 《日记》，第 3743 页。
② 《日记》，第 9994 页。
③ 《越缦堂诗文集》，第 784 页。
④ 《日记》，第 3839 页。
⑤ 《日记》，第 4136—4137 页。
⑥ 《日记》，第 7446 页。

必有数证。"①李慈铭先后为赵铭诗集、《左传质疑》撰写序言。光绪十五年（1889）八月十八日得知赵铭病逝的消息后，李慈铭"为之惊叹。桐孙长余一岁，温温恭人，精神周至。忽至奄化，同年同志又失此人，吾道之衰昃星将尽"②。

黄以周（1828—1899）

黄以周字元同，浙江定海人，同治九年（1870）举人，历官至处州府教授。黄以周出身经学世家，其父黄式三、从兄黄以恭皆治经学。黄式三"于学不立门户，博综群经"，"生平于经说，不拘汉、宋，则是而从"，"尤长《三礼》，论禘郊、宗庙，谨守郑学"③。黄以周秉承家学，汉宋并修，兼治群经，"而《三礼》尤为宗主，以为三代下经学，郑君、朱子为最，而汉学家破碎大道，宋学家弃经臆说，不合郑朱，何论孔孟"？④黄以周花费近二十年完成一百卷《礼书通故》，论者以为"秦蕙田书博虽不及，精或过之"，为礼学之皇皇巨著。

同治六年（1867），李慈铭受浙江巡抚马新贻之邀，出任新办浙江书局总校勘。八月初六日，书局同仁黄岩王棻出示黄以周《儆季杂著》稿本两册，李慈铭认为书中"皆考据之作，实事求是，多前贤所未及"，虽未见其人，但是通过王棻的介绍，李慈铭认为黄以周"浙东经生盖无与比，以并世二百里内之人而姓名泯然，无人乐道，可谓不求闻达者矣"⑤。

① 《越缦堂诗文集》，第 781 页。
② 《日记》，第 12186 页。
③ 《清史列传》卷六九《黄式三传》，第 5660 页。
④ 《清史列传》卷六九《黄以周传》，第 5662 页。
⑤ 《日记》，第 3840—3841 页。

初九日再读是书，李慈铭认为"其说礼之作依据郑义，尤为明通"①，对元同的礼学研究颇为赞赏。其时黄以周正问学于西湖诂经精舍。

十一月十日，黄以周来访，这是两人的初次见面。两天后，李慈铭游览西湖时，顺便到诂经精舍拜访黄以周，以周赠以其父黄式三的《论语后案》一部。是后两人交往渐密。同治七年（1868）四月十九日，黄以周出示其父黄式三《儆居集》，拜读之后，李慈铭认为"皆实事求是、潜心有得之言"②。同治九年（1870）四月十九日，李慈铭与黄以周谈论丧服，以周"谓近世士夫不讲服制，伦常因之舛，族党因之离，争嗣、争财讼狱繁兴，其弊由于宗法之不立，人不知正尊、旁尊本末轻重之等"③。李慈铭颇有同感。二十二日，黄以周以所著《礼诂》见示，拜读之后，李慈铭认为"元同于丧服最留心，故所诂多足正前人之误"。二十四日，在阅读黄以周诂经精舍课卷时，李慈铭认为"元同解《周礼》从郑注，而解《月令》与郑违"，"然元同之说较为谨严，释增亦多不同，皆详核可备一说者也"④。九月十一日，同治九年（1870）庚午正科浙江乡试榜发，李慈铭与黄以周双双高中，李慈铭为第二十四名，黄以周为第三十五名⑤。第二年，二人都北上参加会试，不过都名落孙山。五月十四日，黄以周向李慈铭辞行，准备第二天南返。此后，李慈铭一直居住京师，黄以周也始终在南方活动，两人未能见面，交游渐稀。李慈铭与黄以周交游主要体现在学术上，有以下两点存在共通之处：一是治学主张汉宋兼

---

① 《日记》，第 3849 页。

② 《日记》，第 4021 页。

③ 《日记》，第 4683 页。

④ 《日记》，第 4685 页。

⑤ 《浙江乡试题名录（同治九年庚午正科）》，清同治刻本。

采，认为"经不必分汉宋"①；二是重视三礼研究。

赵之谦（1829—1884）

赵之谦字㧑叔，号铁三，浙江会稽人。咸丰九年（1859）举人，官至江西奉新知县。赵之谦擅长书法、篆刻，著有《悲庵居士诗剩》《二金蝶堂印谱》等。

李慈铭与赵之谦同一年生，又属同一地，不过在李慈铭早年日记中却未见有赵之谦的记载。李、赵二人的交恶，学者多以为是赵之谦进京后，经人介绍与潘祖荫认识，潘很欣赏赵的金石之学，与之交往密切，渐渐疏落李慈铭，故而招致李的痛恨。此论不仅多为揣测，而且也并不确切。其实早在咸丰九年（1859），李慈铭对赵之谦颇为轻视："阅今年浙江闱墨……内中第三之赵，吾乡人也。小有才，颇读杂书，工书法、篆刻，亦能作俪艺语，而诗甚荒丑，尤拙于文，顾狂不可一世，国人皆贱之。"②此语"赵"字后有空白，虽未明言其名，不过该年浙江乡试第三名即是赵之谦。李慈铭所指当是赵之谦无疑。同治元年（1862）十二月，赵之谦北上，客居京师③。也就是说，在赵之谦认识潘祖荫之前，李慈铭对赵已然不以为是了。光绪元年（1875）九月，李慈铭概括厌恶赵之谦的原因时说："若天水妄人本无深隙，徒恶其佻狎卑鄙、奸险翻覆，又不通一字，而好为大言，故拒绝其人，不稍假以辞色，遂激小人之怒耳。"④与赵交恶之缘由，在李而言，是对其人品的不屑。

---

① 《日记》，第 9895 页。
② 《日记》，第 1083 页。
③ 张小庄：《赵之谦研究》，北京：荣宝斋出版社 2008 年版，第 63 页。
④ 《日记》，第 6682 页。

潘祖荫（1830—1890）

潘祖荫字伯寅，号郑庵，江苏吴县人。咸丰二年（1852）进士，历任编修、光禄寺卿、户部尚书等职，系同光重臣。潘祖荫工于诗词，留心金石文字，著有《海东金石录》《沈阳纪程》等。

咸丰九年（1859），李慈铭抵京后不久，即与潘祖荫之父潘曾绶相识，藉此得以与潘祖荫结交。其时李慈铭正处困境，潘祖荫多次给予资助。从咸丰九年（1859）至光绪九年（1883）二十余年间，据不完全统计，潘氏赠与李慈铭的银两达一千多两，频繁时期甚至一月赠数次。这对于李慈铭的窘迫生活无疑是雪中送炭。

潘祖荫喜欢刻书，《滂喜斋丛书》《功顺堂丛书》是其著者。李慈铭时常帮助潘祖荫校正书稿：同治十一年（1872）三月十三日，潘祖荫请李慈铭删定仁和张洵诗集，李慈铭选得诗二百一十首，分为二卷，并代撰后序①。同治十二年（1873）九月十八日，李慈铭审校新刻《盐法议略》并为之序，十九日又校正《癸酉消夏诗》②。特别值得一提的是，《滂喜斋丛书》中有《越三子集》，系孙廷璋《亢艺堂集》、王星诚《西弢残稿》、陈寿祺《陈比部遗集》的总称。此三人都是李慈铭的故友。李慈铭亲自整理、校订，并代撰序、传记。《滂喜斋丛书》多数子目的刊刻都经李慈铭的校订。

王继毂系李慈铭友人王英澜之子，颇爱李氏诗文，皆能成诵。光绪六年因母亲病重，投水自尽，祈代母死，世称王孝子。宁波知府宗源瀚欲上奏朝廷请为旌表。王继毂之兄继献请李慈铭帮助。李慈铭又找到潘

---

① 《日记》，第5306—5307页。
② 《日记》，第5888页。

祖荫。因为之前已由都察院转呈，结果未能成功。后潘祖荫将事略直接递给礼部尚书，并请考虑，最终成功得旨旌表。王孝子请旌一事，李慈铭受友人之托，而潘祖荫又受李慈铭之托，尽心尽力，促成此事。

潘祖荫注意金石之学，认为它是实学，"以世人不能识古文奇字为恨"，不过李慈铭认为："金石固不可不讲，而近之后生往往全不读书，惟持一破瓦之背，以为是汉也、魏也，一坏象之髻以为是北魏也、北齐也，模黏文字，不识点画而曰可正说文杜撰，年号不辨时代而曰可补正史，文理不通、字体不正而游扬声气，干谒公卿，瞽行妄言，习为狂傲，是风气之大害，所当防其流弊者也。"① 李氏此言，当有所指，或是对赵之谦辈的蔑视，或是对金石学盛行的微词。

李慈铭不时受潘祖荫之托，为之代撰应制诗②、奏稿③、序④、神道碑⑤等。同治末年，潘祖荫任户部侍郎，作为下属，李慈铭"引分自远，修谒几绝"⑥，充分展现了他不媚权贵的傲气。光绪十六年（1890）十月三十日，李慈铭得知潘祖荫病逝后，"为之惊悼"，并回顾了与之交游的历史："余与尚书交契三十余年，都门旧雨，无先之者，推襟送襄，冷热相关，比虽踪迹阔疏，至数年不相见，然彼此休戚，时通痏瘵。"⑦ 二年以后的十八年（1892），在写完潘祖荫墓志铭之后，李慈铭也表达了类似的想法："余与文勤始合终睽。然其始也，虽踪迹时系，亦相视落落，不甚以余为然。其终也，往还几绝，或竟岁不相闻，而意中时有此人。盖余不能忘势，

---

① 《日记》，第 5386 页。

② 《日记》，第 9291 页。

③ 《日记》，第 1967 页，代草《新政陈言疏》。

④ 《日记》，第 5633 页，代撰《文庙祀典考序》。

⑤ 《日记》，第 6450 页，代撰《彭文敬神道碑》。

⑥ 《越缦堂诗文集》，第 955 页。

⑦ 《日记》，第 12642 页。

文勤亦不能无望也。今以此文报之，余事毕矣。"①

王星诚（1831—1859）

王星诚本名于迈，又名章，字平子，更字孟调，浙江山阴人。王星诚是李慈铭乡居时所交之友，感情甚深。道光二十七年（1847），两人处同一学塾，在学业上相互竞争，后同补弟子员，愈加亲近，形影不离，"或出诣人，必两人俱抵掌高论，歌噱互作，坐客辄缩朒避去"②。李慈铭曾回顾早期与王星诚的交往过程："予生最寡交，自十八岁得平子，顾彼此不甚合，二十三岁始往来渐习，二十四岁始大相契，然予素懒出门，平子亦不甚诣予也。"③咸丰三年（1853），两人结为兄弟，后同入言社，"益切劘为古学。越中称'王李'"④。六年（1856），王星诚远游汴中，直至咸丰九年（1859），两人方才在京师见面，只是没过多久，王星诚即于九月十一日病卒。李慈铭后来一直在为王星诚棺椁南运之事奔波，直至光绪六年（1880）成行。同时，李慈铭也搜集其遗诗，结为《王孟调遗集》，并请潘祖荫为之刊刻行世。

平步青（1832—1896）

平步青字景荪，别号栋山樵，浙江山阴人。同治元年（1862）进士，历任编修、内阁侍读、江西粮道等职，同治十一年（1872）去官回里，潜心著述，撰有《香雪庵丛书》等。平步青与李慈铭同补博士弟子员⑤，

---

① 《日记》，第 13144 页。
② 《越缦堂诗文集》，第 931—932 页。
③ 《日记》，第 1090 页。
④ 《越缦堂诗文集》，第 795 页。
⑤ 《日记》，第 2916 页。

同治以后两人在京师交往颇密。二年（1863）十月十七日，李慈铭与平步青谈论近代著述，谈到邹汉勋《读书偶识》中有一处疑问，平步青也有一处，说出之后发现两人其实是同一问题，洵可视为两人交游上的佳话。之后两人又谈及清代地理之学以及传绍郡文献之学①。这段时间两人频繁来往，或互借藏书，或谈论著述，兴之所至时常通宵达旦。三年（1864）十月，平步青出京任江南副主考，李慈铭亲为送行。是后，两人再未见面。九年（1883）五月十八日，李慈铭在日记中谈到"予与景苏情分仅去绝交一间耳"，其原因可能与赵之谦有关②。以后两人时有书信来往。光绪十五年（1889）三月二十日，李慈铭收到平步青的书信，并祝寿礼金四两，李慈铭颇为感动："四千里外，三十年前故交，尚能记录生辰，远将馈问，深可感也。"③

谭　献（1832—1901）

谭献初名廷献，字仲修，号复堂，浙江仁和人。同治六年（1867）举人，曾任秀水教谕、安徽歙县、全椒、合肥等地知县。为学主公羊，盛推章学诚。著有《复堂类集》等。李慈铭与谭献相识较早，早在咸丰四年（1854）就已读到谭的诗集。不过李慈铭对其人其诗评价并不高："谭武林廪生，年二十余，颇喜选学，作诗盈千首，尽资才名，而狂不可一世。季贶与之交，因以其集属点定，其中非无杰句，惜少完一喜之作。"④五年（1855）八月十四日，谭献得周季贶之介来访。直至同治四年（1865），两人才见第二面。是后来往渐多，但也仅仅局限在诗词方面。李慈铭对

---

① 《日记》，第 2531—2533 页。

② 《日记》，第 4706 页，其时赵之谦任职江西。

③ 《日记》，第 12031 页。

④ 《日记》，第 19 页。

谭献向抱不齿之态，其间缘由，笔者以为主要是学术方面的分歧所致。

李慈铭对章学诚的评价并不高："盖实斋识有余而学不足，才又远逊。故其长在别体裁，覈名实，空所依傍，自立家法，而其短则读书鲁莽，糠秕古人，不能明是非，究正变，汎持一切高论，凭臆进退，矜己自封，好为立异，驾空虚无实之言，动以道眇宗旨压人，而不知已陷于学究云雾之识。"①

同治十二年（1873）五月初十日，李慈铭收到谭献杭州来信。在信中谭献说"陶子珍生咸丰以后，而为嘉庆以前学问，掇拾补缀，勤则勤矣，大义微言恐不在是"。言下之意是汉学不如公羊学。陶方琦乃李慈铭的弟子，谭献批评陶方琦实际上就是批评李慈铭。李氏自是十分恼火："仲修予旧交，质敏好学，近人中极难得，而心粗气浮，不能研讨，自剽袭阳湖庄氏、武进刘氏、邵阳魏氏一二之书，及其乡邵位西绪论，遂以大言自欺欺人……仲修于公羊及庄、刘两家之书实亦无所得，此言本亦不足辨，然英俊后生喜闻高论，又便于不学，为此等寱语，所误者甚众。"②

《群芳小集》是谭献撰写的一部品评京师菊部名伶的著作。李慈铭对此不以为然："无论此等浪子生活，不足冤酷纸墨以自命知微言大义之人，而刻画贱工崽子之状，又何其不自爱耶？"③

光绪元年（1875）八月二十六日，陈豪来信，言谭献调往江南闱差，李慈铭挖苦道："又当出许多小鸿博矣。不务实而好标榜，仲修之所以无成也。"④

---

① 《日记》，第 4354 页。
② 《日记》，第 5749—5750 页。
③ 《日记》，第 5760 页。
④ 《日记》，第 6657 页。

朱逌然（1836—1882）

朱逌然字肯夫，号味莲，室名屋守斋，浙江余姚人。同治元年（1862）进士，历任编修、侍讲、湖南学政、四川学政等职。同治三年（1864）十一月十一日，朱逌然前来拜访。李慈铭与之谈论经义，发现他"闻见殊博，吾越文献已绝，如庶常者，殆后来之秀矣"①。朱逌然多次赠银子给李慈铭以接济生活。光绪二年（1876）李慈铭非常窘迫，"典质俱绝，非百金不能了此节责。"有赖朱逌然的资助，李慈铭方才过去，"知己高谊，何时可忘"②。光绪七年（1881）四月初八日，朱逌然刚卸任湖南学政，又授四川学政，拟上疏请辞。李慈铭代为草拟奏稿。八年（1882）十二月二十八日，李慈铭得知朱逌然病逝消息后，颇为惋惜："肯夫少于余七岁，方可得阁学，而平步亨衢，忽以中蹶，人生仕宦，死丧随之……故乡同志，自此益孤……肯夫沈静好学，甚暱于余。"③

张之洞（1837—1909）

张之洞字孝达，一字香涛，晚号抱冰，直隶南皮人。同治二年（1863）进士，官至两江总督、军机大臣，系晚清重臣。

同治二年四月二十四日，殿试揭晓，张之洞居榜眼。李慈铭对他给予特别关注："之洞之中解元，少年有时名，闻其诗、古文俱有法度……闻其纂试策，具论时务，首无空冒，末不到底，亦与近来体例独殊。"④同治三年（1864）十二月初一日，在友人宴会上两人初次见面。二十三

---

① 《日记》，第3044—3045页。
② 《日记》，第7015页。
③ 《日记》，第9726页。
④ 《日记》，第2338页。

日，张之洞来访，两人深谈良久。四年（1865）五月初五日，李慈铭返乡，张之洞送别，"逾二时许始去"①。说明此时两人交往渐深。

同治六年（1867），张之洞出任浙江乡试副主考，李慈铭认为"可谓乡邦之幸"②。不过所取之士，李慈铭并不满意："大半皆浮浪少年及不知姓名人也。"③乡试后，张之洞转任湖北学政，邀请李慈铭襄理文事。起先李慈铭以家人为由拒绝，并且提出三愿四难，在孙衣言、谭献的劝说以及张之洞的力邀之下，李慈铭答应前往楚北。除帮助张之洞处理文稿之外，两人还时常谈论小学、山水等，相得益欢。但是李慈铭在湖北呆了不到一个月，即辞职回乡。

同治九年（1870）以后，李慈铭返京，与张之洞交往更密切。十年（1871），李慈铭、张之洞、周寿昌等人结文酒之会，时常聚会唱和。五月的龙树寺聚会颇为壮观，由潘祖荫、张之洞召集，到者二十余人，名士毕集。李慈铭对张之洞的诗颇为推崇，"辇下称诗，香涛最胜，由其学有经法，志怀忧慨，本末洞达，真未易才"④。张之洞对李慈铭也是赞赏有加："得香涛复，言予诗雄秀二字，皆造其极，真少陵适派，其火候在竹垞、阮亭之间。"⑤十二年（1873），张之洞出任四川学政，还偶尔赠银给李慈铭。

光绪三年（1877）二月二十一日，李慈铭拜访张之洞，不想被其门人挡于外，十分恼火："余既非为性命忍须臾，又非欲以学问相质，而轻

---

① 《日记》，第 3302 页。
② 《日记》，第 3850 页。
③ 《日记》，第 3883 页。
④ 《日记》，第 5441 页。
⑤ 《日记》，第 5351 页。

取此辱，良以怃然，闭门不坚，是余过也。"①两人关系出现裂缝。三月二十七日，张之洞在龙源楼宴请江浙同人聚会，讨论集资归葬刘有铭事。而此事之前李慈铭与同人已有约定，最后气而不往。光绪四年（1878）四月十九日，李慈铭向张之洞借三十两银子，不想只得到十两，非常生气："余两与之书，而借三得一，为此婢价，平生风节扫地尽矣。"②光绪七年（1881）正月二十二日，李慈铭为许景澄等人饯行，并请樊增祥等人陪同。可是许、樊为张之洞拉去，酒席快完才来。正是上述诸多事件的积累，再加上张之洞官位一步步升高，张、李二人的关系逐步走向紧张。

光绪七年（1868）张之洞出任山西巡抚，李慈铭有《送张孝达阁学巡抚山西》诗。二年后，李慈铭即有"之洞之小器易盈，不学无术"的批评③。光绪十年（1884）二月十一日，在致友人信中，李慈铭对张之洞颇有微词："近日都门自北人二张以谏书为捷径，鼓扇浮薄，渐成门户。"④在修建铁路一事上，李慈铭持保守态度，极力反对，直斥张之洞为"金人"⑤。

光绪九年（1883）十二月，张之洞主动修好，致信问候，并馈赠岁银百两。后又让长子张权拜谒。两人渐同书信，关系如初。究其原因，是李慈铭时任御史之职，张之洞不想与之为敌，方才作如此姿态。

王懿荣（1845—1900）

王懿荣字廉生，山东福山人。光绪六年（1880）进士，官至国子监

---

① 《日记》，第 7342 页。
② 《日记》，第 7857—7858 页。
③ 《日记》，第 10188 页，原文有涂抹。
④ 《日记》，第 10197 页。
⑤ 《日记》，第 12187 页。

祭酒。为学不分汉宋，尤嗜好金石，著有《王文敏公集》。王懿荣妹适张之洞，又是潘祖荫门生，因此与李慈铭联系较密。两人的交往主要体现在金石方面：王懿荣多次赠送碑帖、墓志拓片给李慈铭①。此外，两人还互借藏书。光绪十五年（1889）十月十六日，李慈铭为王懿荣所辑山东先哲手迹诗文尺牍名《海岱人文》者题签。

朱一新（1846—1894）

朱一新字蓉生，号鼎甫，浙江义乌人。光绪二年（1876）进士，官至陕西道监察御史，以弹劾内监李莲英降职，后辞官归里，主讲端溪书院、广雅书院。为学力主汉学，著有《无邪堂答问》等。朱一新与李慈铭同中同治九年（1870）浙江乡试。李慈铭耳闻朱一新"年少有美才，能为汉学"②。同治十年（1871）四月初四日一见，果不其然："年少好学，经史皆通，辞赋亦有才气，浙东之佳士也。"③光绪七年（1881）十一月初六日，两人谈及《论语皇侃义疏》，朱一新怀疑全伪，而李慈铭则认为似非全伪。十二年（1886）八月二十日，朱一新向李慈铭出示弹劾李莲英奏草。拜读之后，李慈铭感到："蓉生能昌言之，可谓一鸣惊人矣。"④

袁　昶（1846—1900）

袁昶原名振蟾，字爽秋，号重黎，浙江桐庐人。光绪二年（1876）进士，历任户部主事、徽宁池太广道道台、江宁布政使、太常寺卿等职。同光体浙派诗人之代表，著有《渐西村人初集》等。袁、李二人之交多

---

① 《日记》，第 6911、7085、8834 页。
② 《日记》，第 4794 页。
③ 《日记》，第 4970 页。
④ 《日记》，第 11180 页。

以切磋诗文为主。光绪元年（1875）七月二十三日，袁昶以近作《螗蜩诗》指正，李慈铭认为"其意以讽世，措词典雅"，不过其中一处用语有误[①]。七年（1881）十二月十三日，袁昶又以近作《送孺初归粤》五古二首相商。李慈铭评价道："诗骚雅有骨格，意味亦长，佳作也。惟次首用江韵近僻，有未稳处。"[②]十六年（1890）十二月，袁昶、樊增祥各以诗集请评优劣，李慈铭以"袁子清言琢冰玉""乾嘉以后将百年，二妙一时压尊宿"诸句称誉有加。

曾之撰

曾之撰生卒年不详，字君表，江苏常熟人。曾、李二人为光绪二年（1876）会试同年。据曾之撰回忆，早在同治元年（1862）之时，他在京师于张星鉴处获读李慈铭日记，当即心仪其人。光绪二年（1876）以后，与羊复礼、胡寿鼎、陶在铭、陶方琦数为文字饮，方获交于李慈铭。曾之撰曾为李慈铭诊脉治病，作诗贺五十寿，并命儿子曾朴以李慈铭为师。曾之撰修建虚廓居，曾请李慈铭为之题写楹联。李慈铭逝世后，曾之撰据钞本整理越缦文章，刊刻《越缦堂骈体文》四卷《散体文》一卷行世。

---

① 《日记》，第6610页。
② 《日记》，第9274页。

第三节　弟子

陶方琦（1845—1885）

陶方琦字子珍，号兰当，浙江会稽人。光绪二年（1876）进士，历官编修、湖南学政。其学"治易郑注、诗鲁故、尔雅郑注，又习大戴礼记，其治淮南王书，方以推究经训，搜采许注，拾补高诱，再三属草，矻矻穷年"①，著有《淮南许注异同诂》《郑易马氏学》《兰当词》等。陶、李二人初见于同治九年（1870），两人交往主要体现在诗文、学术两方面。李慈铭对陶方琦的诗文之作赞赏有加：同治十二年（1873）九月初二日，李慈铭得陶方琦和诗，以为"子珍书笔简古，极有魏晋之风"②；十三年（1874）六月十三日，又得陶方琦新作《夜饮越缦记》骈文一篇，"其文修洁名隽，得魏晋之骨、宋齐之韵"③。陶方琦所主之学与李慈铭相合，故两人在学术上时常切磋：同治十一年（1872）五月十四日，李慈铭收到陶方琦所撰《淮南许注叙》后，评价为："考订甚密，文亦尔雅，书翰古奥尤绝，子珍力追汉魏孟晋，殆群海内少年未见其比，吾邑古学其在兹矣。"④期许之情油然而出。光绪元年（1875）九月十二日，李慈铭得知朱衍绪（字

---

① 谭廷献：《陶编修家传》，载《清代碑传全集》，第 1233 页。
② 《日记》，第 5873 页。
③ 《日记》，第 6168 页。
④ 《日记》，第 5384—5385 页。

缜夫）病逝之后，感叹道："吾越近为诂训之学者，缜夫与陶子珍志最锐、力最专。"① 光绪四年（1878）十一月二十二日，李慈铭评价陶方琦《汉孳室近文》时说到："皆说经之作，研搜古训，剔抉小学，备极细心，其精锐不可及也"，《郑易小学序》等三文"尤汉学之干城"②。光绪十年十二月二十四日，陶方琦不幸病逝，李慈铭闻之，"悲不自胜，涕沾袍袖"③。

樊增祥（1846—1931）

樊增祥号云门、樊山，湖北恩施人。光绪三年（1877）进士，历任陕西宜川知县、陕西布政使、江宁布政使等职。同治十年（1871）三月二十日，樊增祥来访，此为二人交往之始。以后两人来往并不密切。樊曾将自己的诗词集请李慈铭指正。光绪二年（1876）闰五月十一日，李慈铭指导樊增祥、王彦威、陶在铭等人评点制艺、诗赋。樊正式入李氏之门。第二年樊增祥即高中进士。此后樊多在外为官，两人见面甚少。二人时有诗文唱和，李慈铭评论樊诗为："樊子秀语夺山缘"，"夷陵清峭天下无"④。此外，李慈铭还同刘仙洲夫人作媒，与樊增祥说定祝氏姻事。光绪十年（1884）七月二十四日，樊增祥辞行，"云门涕泣言别，惨然久之"⑤。于此可见师生二人之感情。

孙咏裳

孙咏裳本名星华，字子宜，号熹荪，浙江会稽人。光绪二年（1876）

---

① 《日记》，第 6681 页。
② 《日记》，第 8090 页。
③ 《日记》，第 10620 页。
④ 《日记》，第 12682 页。
⑤ 《日记》，第 10419 页。

举人。咏裳是李慈铭友人孙廷璋之子。咸丰六年（1856），李慈铭馆于孙家，教廷璋中表两人及子侄两人①，其中即有孙咏裳。同治四年（1865）十二月初六日，孙咏裳拜谒返乡的李慈铭。第二年正月十二日，又请李慈铭为之作制艺，以为院试指导。二十三日，李慈铭撰好后，认为："此固小技，然所作殊有经义精华，非时文家所知者也。"②师生间的诗文交流颇为频繁，同治十二年（1873）九月初二日，李慈铭收到孙咏裳和词，认为："子宜亦雅练无一凡语……孙词婉秀俱深，入草窗、玉田之室……子宜年少而所就如此，门墙得此生，殊不寂寞也。"③

纵观李慈铭的交游人物，以下几位与其经历与学术关系颇紧密：潘祖荫在他居京困难之时常常给予资助；马新贻为其知己，一直想重用他；李慈铭的保守思想或许与徐桐荫有关；张星鉴、桂文灿、黄以周诸人的汉学思想又影响着李慈铭；周寿昌、王先谦与李慈铭在《汉书》《后汉书》校注上的交往，可称为学术交游史上的佳话。李慈铭一生为学无师承，之所以能够取得如此成就，一方面与其潜心读书，孜孜以求有关，另一方面也与其所交友朋之间的切磋有关。尽管曾经被最信任的朋友所骗，然而生活、学术却离不开师长、友朋的支持与帮助。

---

① 《日记》，第312页。
② 《日记》，第3535页。
③ 《日记》，第5873页。

第三章

李慈铭藏书研究

　　李慈铭一生与书打交道：藏书、读书、著书。书是其生命的重要部分。一般人将书视为良友，而李慈铭则将之视为妻孥①。由于经济并不宽裕，这决定他不能像真正的鉴赏家一样收藏书籍。他更主要的是从利用、研究的角度来收藏书籍。也就是说，李慈铭是一名学者型的藏书家。

---

① 《日记》，第 928 页。

第一节　藏书来源

李慈铭出身书香之家，祖、父都有一定数量的藏书，不过因战乱基本化为尘土。他的藏书主要是通过以下几个途径获得的：

第一，购买。这是李慈铭藏书来源的主要途径。十七岁时，李慈铭购买吴翌凤的《吴梅村诗集笺注》，这是他平生第一次购书①。年轻之时，故乡的味经堂是李慈铭购书的重要场所。入京以后，琉璃厂书肆成为其购书的重要场所。困顿京师期间，由于经济拮据，李慈铭只能在过年之时逛厂甸购书。光绪以后，随着手头逐渐宽裕，李慈铭也能够购买价格不菲的明版书了。

第二，馈赠。这也是李慈铭藏书来源的重要途径。同治以前，李慈铭的藏书主要是购买。同治以后，随着李慈铭的声望渐隆，交游日广，友人馈赠之书逐渐增多。馈赠书之中，或是友人自著或先人著述呈请指正者，如尹继美赠所著《诗地理考略》②、黄以周赠其父所著《论语后案》③；或是友人所刻之书，如潘祖荫赠《滂喜斋丛书》④、施补华赠《泽雅堂集》⑤等皆如是。另有一种馈赠书，是晚辈前来拜访时的见面礼：光绪十五年

① 《日记》，第 5147 页。
② 《日记》，第 3218—3219 页。
③ 《日记》，第 3916 页。
④ 《日记》，第 5653 页。
⑤ 《日记》，第 6059 页。

四月十三日，宗湘文女婿秦宝珉来，以《康熙己未词科录》《霜杰斋诗集》为贽①；光绪十六年闰二月初四日，湖州新科举人陆树藩来投行卷，以《元祐党人传》为贽②。

第三，交换。咸丰六年五月初十日，"以《秦淮海全集》八册、张清恪刻《司马温公集》六册、《谢叠山全集》两册、《邹讦士文》一册"与孙廷璋换"孙渊如《平津馆丛书》甲集六册、汤文正公《拟明史分修稿》八册"③；同治七年八月十二日，"拟以《周易折中》《诗经》《书经传说汇纂》三书"与竹楼换陈氏《毛诗疏》及《府志》④；光绪二年六月初八日，许景澄以雅雨堂本《大戴礼》、洪颐煊《管子义证》换抱经堂本《逸周书》⑤。

第四，润笔。李慈铭所作骈文颇负盛名，时常有友人请代写墓志铭、神道碑等，为此他还制订了卖文通例，规定各类文字的润笔数目⑥。一般以银两支付润笔，而以书替代的非常罕见：光绪十八年十一月二十二日，孙慕韩来，请李慈铭为其父亲撰写神道碑，以上海石印《西清古鉴》、碧筠草堂本《笠泽丛书》、王先谦新刻《南菁书院丛书》八集以及石印黄石斋先生墨迹两种为润笔⑦。

后两种来源虽然所得之书不多，可是非常特别。

---

① 《日记》，第 12055 页。
② 《日记》，第 12385 页。
③ 《日记》，第 397 页。
④ 《日记》，第 4140—4141 页。
⑤ 《日记》，第 7044 页。
⑥ 《日记》，第 3496—3498 页。
⑦ 《日记》，第 13286 页。

第二节　藏书概况

一、藏书数量

李慈铭一生所藏之书究竟有多大规模？光绪十三年正月李慈铭在客厅贴的春联云："藏书粗足五千卷，开岁便称六十翁。"说明其时李慈铭自认藏书达五千卷。1928 年，当时的北平图书馆从李氏后人手里购得藏书九千零二十七册。如果按一册五卷计算，则李氏藏书的数量近五万卷。

二、藏书范围

李慈铭属学者型藏书家，即所藏之书乃为研究之便，故而藏书范围与其研究领域密切相关。李慈铭一生以诗文名，故诗文总集、别集为藏书之大宗。入京以后，李慈铭逐渐潜心经史之学的研究，故举凡诸家著名经学之书，常见正史、杂史等史部之书亦蔚然大观。李慈铭平生不喜欢佛教之书，"先生不喜佛氏书"[1]，认为"盖彼教书止可佐清谭、消闲晷耳"[2]，真正可资参考的书不过一二十种罢了；对于道教之书，李慈铭也颇有微词："予谓道书鄙诞，更在释氏之下，道藏中除所援入之老、庄、文、

---

[1] 《日记》，第 4496 页。
[2] 《日记》，第 5273 页。

列、淮南诸子外，惟抱朴子以外篇足传，真诰以文辞自喜，参同悟真，存备丹诀，度人内景，资采藻言，余直无足观者。"① 所以，佛道之书在李慈铭的藏书中寥寥无几。

三、藏书地

有书就必须有藏书之地。早年在家中，李慈铭的藏书地为困学楼："（咸丰七年十二月三十日）近葺一小楼，颜以困学。"② 光绪五年，李慈铭在"甬江私淑自平生，困学楼居旧系名"诗句中注曰："余读书一小楼，先君子颜之曰困学，后所得书皆储其中，经乱悉毁。"③ 十九年，李慈铭在给老友傅以礼的诗中有"困学书楼尘劫尽，无人传砚更神伤"句，下自注云："余二十余岁时修困学楼，为藏书之所。"④ 年轻的李慈铭就在此楼藏书、读书，好不惬意。遗憾的是，由于战乱，困学楼已化作尘土，内藏之书也存世寥寥。除困学楼外，李慈铭的藏书处还有味水楼："（咸丰九年二月二十三日）夜理味水楼书籍，扁之匮中。予四五年来独居此楼寝兴，手一编不释。"⑤ 此楼与困学楼结局一样，毁于兵燹。

居京之时，李慈铭多与友人合住，空间狭小，难言藏书之所。同治十三年以后，李慈铭租住位于保安寺街的前闽浙总督季芝昌旧宅。由于地方宽敞，李慈铭开辟轩翠舫为专门藏书之所。据《轩翠舫记》记载："东

---

① 《日记》，第 2800—2801 页。

② 《日记》，第 678 页。

③ 《日记》，第 8200 页，按李慈铭之父早在道光二十五年（1845）即已病逝，而构建困学楼一事在咸丰七年（1857），此处疑有误。

④ 《日记》，第 13551 页。

⑤ 《日记》，第 928 页。

偏屋圮，广以为圃。圃西室二间，通之为一，狭长如舫，三面启窗，波黎洞明，一面为户，隔以疏帘。藏书满中，微风四来，牙签响答。"① 随着藏书量的增加，李慈铭又在轩翠舫加做书架："（光绪十五年五月十三日）于中室环翠舫新作两高架三层，督仆辈整比书籍，移庋其中。"② 轩翠舫之外，藏书处还有杏花香雪斋："（光绪十七年十月十五日）移架上三通于杏花香雪斋书架，以彼架所储子部零种于此。"

四、藏书目

现未见有李慈铭藏书目录存世，不过从《越缦堂日记》的相关记载中，我们可以蠡测李慈铭应该编过藏书目录。咸丰九年二月二十五日，李慈铭"偕芸舫理困学楼书籍，写清单三纸"③。此为早期藏书目录。同治元年十一月二十三日，"重理书目，自去年越变，家中所藏已尽付一炬，此特泡影之所留耳"④。所整理之书目，应为李慈铭行箧藏书目录。光绪十七年四月二十一日，"比日疲困，多卧闲阅杂书，偶见书目有《唐诗消夏录》，取阅之"⑤。此言"书目"当是指其藏书目录。笔者曾在南京图书馆见钞本《越缦堂书目》、上海图书馆见油印本《绍兴李氏越缦堂书目》，两者皆按箱著录书籍，前者著录内容包括书名、册数、版本，后者著录书名、著者、版本、册数等。严格来说，这些还不能算是李慈铭的藏书目录，而仅是后人的售书目录。

① 《越缦堂诗文集》，第 1206 页。
② 《日记》，第 12083 页，此"环"字当作"轩"字。
③ 《日记》，第 929 页。
④ 《日记》，第 2195 页。
⑤ 《日记》，第 12851 页。

五、藏书印

在藏书上钤盖自己的印章，这是藏书家的惯例。纸墨俱佳的古籍上钤盖一枚镌刻精美、寓意深刻、印泥光彩的藏书印，顿时增色不少。李慈铭常见的藏书印章有"越缦堂藏书印""会稽李氏越缦堂鉴藏金石书画印""会稽李氏困学楼藏书印"等。李慈铭的藏书印章多为友人所刻，沈昉、陈寿祺、潘观保、王继香等人都曾为其治印。

1. 沈昉。沈昉字寄凡（又作寄帆），善篆刻。咸丰四年五月初一日："下午接沈寄帆札，并寿山石印章三枚，系余所托刻者"①；咸丰五年五月十一日："是日，以牙章两方、黄石一方托寄凡刻'越缦堂主'并款识"②；咸丰九年四月十五日："下午寄帆过舟中，为予刻石章一方"③；同治八年四月初十日："访沈寄凡，寄凡为刻印章三方，一曰某印信长寿，一曰愙伯手校，一曰白华绛跗阁清课。"④

2. 陈寿祺。陈寿祺（1829—1867），字珊士，浙江山阴人，咸丰六年进士，官至刑部员外郎。陈寿祺之母李氏，为李慈铭高叔祖之孙，因而两人有种表兄弟的关系。寿祺卒后，李慈铭曾为之作传。咸丰十一年二月十三日："珊士为予刻青田冻石一方，文曰越缦三十以后作，秀健浑成，近人杨澥、陈鸿寿之匹也"⑤；同治二年五月二十五日："珊士来，为刻印

① 《日记》，第 54 页。
② 《日记》，第 209 页。
③ 《日记》，第 976 页。
④ 《日记》，第 4369 页。
⑤ 《日记》，第 1719 页。

章一枚，文曰会稽李氏困学楼藏书印"①；同年七月二十四日："珊士来，为刻印石一方，文曰萝庵黄叶院客"②；同治二年九月十七日："得珊士书，以《说文逸字》见借，并为刻印章二字曰悫伯。"③

3. 潘观保。潘观保字辛芝，咸丰八年举人，其祖父潘世璜与潘祖荫祖父潘世恩为亲兄弟。同治二年七月初七日："作片致辛芝，以田黄石一枚托其篆刻'桃花圣解庵主小印'八字"④；七月二十七日，此印刻就。

4. 朱岳卿。同治八年十一月十七日："朱生来，为予刻二印，其文曰李氏孟学斋治经之印，曰李悫伯读书记"⑤；十二月十七日又刻一印："朱岳卿来，为予刻'白华绛跗阁清课'小印"⑥；同治十年正月初九日，朱岳卿又送来所刻青田小印两方，未详印文⑦。

5. 王子常。同治十年九月十二日："作片致子常乞刻小印二方"⑧；九月十五日即可就："得子常书并所刻小印二方，即复。"⑨

6. 陈昌沂。光绪五年十月二十四日，陈昌沂辞行，李慈铭"又以印石两方托刻"⑩。

李慈铭卒后，其印章也不保。上海图书馆藏有一册《李越缦印存》，前有恒庐题记："越缦老人平生所用印章都四十七方，其后人携沪求售，

① 《日记》，第 2353 页。
② 《日记》，第 2412 页。
③ 《日记》，第 2470 页。
④ 《日记》，第 2396 页。
⑤ 《日记》，第 4553 页。
⑥ 《日记》，第 4583 页。
⑦ 《日记》，第 4903 页。
⑧ 《日记》，第 5126 页。
⑨ 《日记》，第 5129 页。
⑩ 《日记》，第 8513 页。

予既得之，以周君叔廉藏老人日记手迹及书画遗墨至富，因以贻之，而拓存此册，藏之箧中，以自怡云尔。卅六年十月恒庐自记。"此册所记基本涵盖了李慈铭的全部印章，颇为珍贵①。

---

① 2006 年中国嘉德国际拍卖公司春季拍卖会上 2311 号拍品包括《越缦老人遗墨》4 通、《越缦堂尺牍》上下 48 通、《李越缦遗印》47 方。其印章数量与恒庐所记同，当系同一物。参见以下网址：http://auction.artxun.com/paimai-227-1132566.shtml（2016 年 5 月 15 日）。

第三节　藏书特点

一、版本较晚

依据对国图藏七百九十二部越缦堂藏书的分析，李慈铭的藏书就版本而言，多为清代版本。只有六十部明代版本，且最早也就是嘉靖版，宋元版书则没有。这一方面是与其财力有关，另一方面也与李慈铭藏书思想有关。李慈铭对宋元版并不推崇，认为："近人贵宋元旧椠，其中诚有创获，但须深思博考，以求其通，不则观岳倦翁《沿革例》所言，其时宋本之误，已不胜偻指。"[①]

二、多批校题跋

李慈铭藏书上，多有其读书时所留下的批校题跋。其数量约占李氏藏书总量的三分之一。批校题跋的内容以校勘文字、评价内容、品评人物、叙述版本等为主。这些批校题跋并非率尔操觚之人所能为。后世之人之所以关注越缦堂藏书，重要的原因是书中的批校题跋。否则，它与一般学者藏书并无二异。

---

① 《日记》，第 5476 页。

三、多题签

李慈铭喜欢在自己的藏书上将书名写在书衣上。"古云揭橥，今俗谓写书头也。"[1] 早在咸丰七年的《日记》中，就有李慈铭揭签的记载[2]。同治三年（1864）十一月十三日，"取案头《史记集解》揭签毕，凡十六册一百三十卷，卷皆表出之，题签便于检阅，亦读书之一事，苦字画劣，故不喜为也。"李慈铭将题签视为读书的内容之一。虽然"不喜为"，但是"作事既习，便不能止"[3]。已然成为习惯了，当然不容易改变。光绪十三年（1887）二月二十一日，李慈铭又表示："是日，揭《通考》书签讫。余喜为此事，凡大部书皆自书之，亦以读目录也。"[4] 题签的目的前已叙述，就是视同目录，便于检阅。其实还有一个作用，就是也可以藉此练习书法，因为题签之字必须工整，书写时自然十分认真。

四、多印章

李慈铭嗜好钤印，他曾言道："亦颇喜用印记，每念此物流转不常，日后不知落谁手，雪泥鸿爪，少留因缘，亦使后世知我姓名，且寒士得此数卷，大非易事，今日留此记识，不特一时据为己有，即传之他

---

① 《日记》，第 10565 页。
② 《日记》，第 473 页。
③ 《日记》，第 3109 页。
④ 《日记》，第 11345 页。

人，亦或不即灭去，此亦结习难忘者也。"① 如此看来，李慈铭钤印的主要目的是表明此书曾经本人收藏。因而其藏书的序、目录、卷端、书末等位置往往都钤有印章，所用印章往往不同。故而观其藏书，钤印累累，内容不一。这在中国古代的藏书家中，也可以算得上有特色的一位了。

① 《日记》，第 1346 页。

第四节　藏书流散

李慈铭病逝后不久，其子李承侯即举家南归，越缦堂藏书也与之并行。1918 年，李承侯病逝，家属便有出售藏书之意。最先接洽的是犹太人哈同，王修在《绍兴李氏越缦堂书目》的题记中言到："己未（1919 年），余在长兴，闻绍兴李氏书将卖于犹太人哈同，乃走杭，商之沈叔詹先生，拟由浙江图书馆买付保存，更告省议会。"① 随后，浙江省议会派委员沈步洲，会同绍兴县教育会长茹秉荃，"至李宅开箱查看，并与商酌估价"②，初步约定一万元。不过此事未能在省议会通过。同年，王家襄、蔡元培等旅京同乡会成员就此事联名致函浙江省议会，恳请购买李氏藏书，"庶是项书集不致分散各处，失一般学者之殷望"③。王修首先接洽的是浙江省议会。蔡元培等人上书浙江省议会，希望能由政府出面将之购买，以使之完整保存在浙。不过由于价格过高，最终未能成交。1923 年孟秋，陶心云之子向金梁出示《越缦堂书目》，拟为作介，索值万余金。金梁以书在绍兴，取读不便作罢。

其后藏书的转售，各家记载不一。黄华《越缦堂藏书让渡记》载，越中钱肆经理胡某以万金购之，三四年后，即 1924、1925 年间，因生意

① 《绍兴李氏越缦堂书目》一册，油印本，上海图书馆藏。王修（1898—1936），长兴人，著有《诒庄楼书目》。沈叔詹指沈金鉴（1866—1926），字叔詹，吴兴（今湖州）人。

② 陶杏承：《关于越缦堂藏书》，《古今》半月刊，转引自《李慈铭传记资料》。

③ 《浙江省议会第二届常年会文牍》乙编第 101 页，民国铅印本，南京图书馆藏。

亏空，胡某将书作价三万，转抵股东陆某，陆某亦非好古之人，不多长时间，陆某以此转售北平图书馆，谐价一万二千金[①]。沈家骏的说法与此略有出入，他据表姐李徵（李慈铭孙女）的回忆，后梅陆氏悦康钱庄通过经理吴德璋，购得越缦藏书，后以二万五千元转售北平图书馆[②]。笔者以为黄说当更为可信，除了购书总价相符外（说明见下），另外黄氏还提到"北平图书馆购越缦藏书既有成议，即遣一刘姓者至越监视装运，刘意欲求一越缦遗象而不可得，适吾师王子余先生藏有此老相片铜版，即以持赠"。此像现藏国图。

根据国图采访档案，民国十七年三月六日购藏越缦藏书，共计七百九十二部、九千零二十七册，费用一万二千元。关于国图所藏这批越缦藏书，有以下几点需要特别说明：

第一，购买机构一般称北平图书馆，这并没有错，只是不够准确。1909 年清政府奏请设立京师图书馆，1912 年正式开馆服务，1928 年改为北平图书馆；1924 年，民国政府设立中华教育文化基金董事会，负责保管和处置美国退还的庚子赔款，1926 年 3 月，该董事会租借北海公园庆霄楼等地设立北京图书馆，1928 年 10 月改名为北平北海图书馆。1929 年 6 月，中华教育文化基金董事会接受教育部的提议，将北海图书馆与教育部下属的北平图书馆合组为国立北平图书馆[③]。由此可知，当时购买这批书的是中华教育文化基金董事会下属的北京图书馆。

---

① 黄华：《越缦堂藏书让渡记》，见载于北大藏《越缦堂书目》。陈三在《谈越缦老人（下）》一文中所谈流传情况与此类似，见《李慈铭传记资料》上编第 9 页。

② 沈家骏：《李慈铭〈越缦堂日记〉并藏书易主经过》，载《绍兴文史资料选辑》第 10 辑。

③ 关于早期国家图书馆的机构设置与变迁，可参阅李致忠主编《中国国家图书馆馆史资料长编》第二章"力克时艰　事业初创（1912.8—1931.6）"，北京：国家图书馆出版社 2009 年版。

　　第二，当时入藏的数量与南京图书馆藏本《越缦堂书目》记载的九千六百一十五册尚有一定的差距，说明当时所购尚非全部。笔者曾将馆藏目录与张桂丽博士整理的《越缦堂书目笺证》一书相比对，发现除了有不少零星书籍未见入藏外，整个子部医家类十六部一百五十七册书都没有入藏。

　　第三，在所购书中，有清光绪二十四年（1899）西湖书院刻本《劝学篇》一部，断非李慈铭藏书，或许误将李承侯之书混入其中。

　　除了此次大宗购藏之外，国家图书馆还陆续通过其他途径入藏了越缦堂之书，如：1952年王育伊捐赠一部清道光刻本《世说新语注》，上有李慈铭校注并跋；同年中央人民监察委员会转交国图书中，有两部书上钤有李慈铭藏印，分别是清刻本《东塾读书记》、清同治刻本《定盦文集》。现在上海图书馆等机构也收藏有钤盖李慈铭藏书印的书籍，这说明李氏藏书在民国十七年以前即已陆续散出。

第四章

李慈铭著述研究

　　李慈铭一生藏书、读书、著书，笔耕不辍，著述涉及经史子集四部。由于生前刊印较少，因而多以稿本、钞本流传。民国以后，其著述方才陆续刊印，为人所知。平步青所撰《掌山西道监察御史督理街道李君莼客传》是对李慈铭著述的第一次系统总结，而王重民先生所著《李越缦著述考》是继平步青之后对李慈铭著述存世情况的研究，虽因条件所限，统计与实际颇有出入，不过首创之功值得肯定。现在，随着各种馆藏目录、专题目录的出版，我们有更丰富的资料全面阐述李慈铭的著述情况。本章分三部分研究李慈铭著述：一是"诸家著录辑略"，主要参考史料或书目，勾勒出李慈铭著述的概貌；二是"现存著述考略"，目验现存诸种著述，或述其内容，或列其版本，或考其编纂，藉此知该书之概貌；三是"存目著述述略"，叙述已见记载、然未见流传的著述，以为来日之参考。

第一节　诸家著录辑略

李慈铭逝世后，友人平步青撰《掌山西道监察御史督理街道李君莼客传》，文中详细罗列李氏所著诸书，经部有《十三经古今文义汇正》《说文举要》《音字古今要略》《越缦经说》《说文举要》五种，史部有《后汉书集解》《北史补传》《历史论赞》《补正历代史剩闰史》《唐代官制杂钞》《宋代官制杂钞》《元代重儒考》《明谥法考》《南渡事略》《国朝经儒经籍考》《军兴以来忠节小传》《绍兴府志》《会稽新志》十二种，其他有《越缦读书录》《越缦笔记》《柯山漫录》《孟学斋古文内外篇》《湖塘林馆骈体文钞》《白华绛跗阁诗初集》《杏花香雪斋诗二集》《霞川花隐词》《桃花圣解盦乐府》九种，共计二十六种，凡百数十卷。对于上述书目，平步青也未必亲眼得见，因而有些是否究竟已经成书、或者书名是否准确，也未可知。

1932 年，王重民发表所著《李越缦著述考》一文，考察当时已刊、未刊的李氏著述，其中已刊有：《越缦堂读史札记》三十卷（北平图书馆铅印本）、《乾隆绍兴府志校记》一卷（1930 年铅印本）、《山阴县志校记》一卷（1930 年铅印本）、《萝庵游赏小志》一卷（《说库》本）、《越缦堂读书记》二卷（载《北平图书馆月刊》第一卷二、三、四、六期）、《越缦堂日记》五十一册（商务印书馆石印本）、《越缦堂日记钞》（古学汇刊本）、《越缦堂文集》十二卷（北平图书馆铅印本）、《湖唐林馆骈体文钞》二卷（光绪十年刻本）、《湖塘林馆骈体文钞》二卷（王先谦刻《十家四六文钞》本）、《越缦堂骈体文》四卷附《散体文》一卷（常熟曾氏虚霩居刻本）、《白华绛跗阁诗初集》十卷（光绪十六年刊本）、《霞川花隐词》二卷（《二家词钞》本）、《越缦生乐府外集》二卷（《小说林》第二、三期）、《越缦堂诗话》三卷（商务印书馆铅印本）；未刊者有《说文举要》（稿本）、《杏花香雪斋诗二集》十卷（稿本，王重民辑录）；未见传本者有《明谥法考》《皇朝谥法考》《国朝儒林小志》《正名》二十篇。共计二十一种，其中《萝庵游赏小志》《湖唐林馆骈体文钞》《白华绛跗阁诗初集》《霞川花隐词》《越缦生乐府外集》《杏花香雪斋诗二集》《明谥法考》《皇朝谥法考》《国朝儒林小志》等九种与前述重复。

1986 年出版的《中国丛书综录》著录李氏著述十一种，分别是：《越缦堂读史札记》（1931 年国立北平图书馆排印本）、《越缦堂所著书》（稿本）、《萝庵游赏小志》一卷（《笔记小说大观》第三辑、《晨风阁丛书》第一集）、《越缦堂菊话》一卷（《清代燕都梨园史料》之一）、《越缦笔记》不分卷（《会稽徐氏初学堂群书辑录》之一）、《越缦堂笔记》一卷（《古今文艺丛书》第五集）、《越缦堂日记钞》一卷（《越中文献辑存书十种》之一）、《越缦堂日记钞》二卷（《古学汇刊》第一集）、《湖塘林馆骈体文钞》二卷（《国朝十家四六文钞》之一）、《越缦堂文钞》一卷（《禹域丛书》之一）、《霞川花隐词》二卷（《二家词钞》之一）、《霞川花隐词》一卷（《清名家词》之一），其中仅《越缦堂所著书》《越缦堂菊话》《越缦堂文钞》三种此前未见记载。

2000 年安徽教育出版社出版的《清人别集总目》记载李慈铭别集除了部分刊本外，还有不少稿钞本，颇为珍贵①，其中稿本有《越缦堂杏花

---

① 李灵年、杨忠主编：《清人别集总目》，合肥：安徽教育出版社 2000 年版，第 829—830 页。

香雪斋诗钞》九卷（北图）、《越缦堂杏花香雪斋诗钞》十卷（上图）、《越缦堂剩诗》一卷（绍兴鲁迅图书馆）、《越缦堂诗词稿》不分卷（北图）、《越缦堂手稿》不分卷（北京市文物局）、《越缦堂稿》一卷（天一阁）、《越缦堂遗稿真迹》（上海第一师院）、《越缦堂遗稿》二卷（上海师院），共八种；钞本有《杏花香雪斋诗钞》五卷（南图）、《杏花香雪斋诗》八卷（南图）、《越缦堂诗文钞》不分卷（北图、安越堂钞本）、《越缦堂剩稿》（诵芬室钞本，中科院文研所）、《李莼客遗著》（清末钞本，浙图），共计五种。

2001 年北京古籍出版社出版、柯愈春著《清人诗文集总目提要》所记李氏著述稿钞本除上述之外，还有：《李莼客杂著》一卷（1941 年枳园钞本，桂林图书馆藏）、《李慈铭未刻稿》不分卷（钞本，浙图）、《李莼客文稿》不分卷（同光间钞本，杭州大学图书馆藏）、《李莼客杂著》不分卷（清钞本，五册，国图藏）、《湖塘林馆骈体文钞》不分卷（钞本，八册，国图藏）、《杏花香雪斋诗》四卷（清稿本，浙江九峰旧庐原藏）、《杏花香雪斋诗》三卷（强斋红格钞本，杭州大学图书馆藏）①，共计七种。

以上诸家著录李氏著述除去重复之书，各类刊本、稿钞本共计六十一种，实际所存当远不止此数②。

---

① 柯愈春：《清人诗文集总目提要》，北京：北京古籍出版社 2001 年版，第 1643—1644 页。

② 李慈铭书札分藏于多个图书馆，或结集成册，或零散数页。本文在研究李氏著述时暂不将其书札著述纳入考察之列。此外，李慈铭校订各书，如《重订周易二闾记》《文选楼藏书记》等，也不在此研究范围之内。

第二节 现存著述考略

越缦著述内容庞杂，兼及四部，以下略依其内容，分为经学、日记、谥法、读书记、诗文集、词曲六类，出此之外者，归入"其他"中。因其著述散存各地，部分笔者未尝寓目，暂付阙如。

一、经学

越缦经说不分卷

稿本，三册，现藏国家图书馆。第一册书衣题"越缦笔记"，版心下镌"松竹斋"，九行，卷端题"越缦经说"，钤"会稽李慈铭爱伯""会稽李氏困学楼藏书印""越缦老人""越缦堂主"等印。第三册卷末有墨笔题记："此册起辛酉正月初十日迄九月三十日，已校一过。"此书一度被认为已亡佚，无存于天壤间。

李慈铭平生于经学用力甚深，其真知灼见具散见于日记之中。光绪十一年（1885），王先谦出任江苏学政。到任伊始，随即着手续编《皇清经解》。王先谦曾就续编的凡例、目录等征求李慈铭的意见，并商请收录李氏经学著作。光绪十三年（1887）八月，在致王先谦的信中，李慈铭谈到："蒙索拙著《经说》，本多口耳之学，无可采者，以散在日记及经籍眉端，一时辑录不易，又苦乏写官，拟俟病愈招邑子及门生一二人，处之寓斋，写出数卷，名曰《越缦经说》，奉正台端，以待别裁。"①李慈铭原拟将日记中的经学笔记摘录后交付王先谦刊印："（光绪十三年十一月二十日）夜得介唐书，以昨嘱其写出日记中经说，将寄益吾祭酒刻之。今日未暇检出。介唐诚实人，来见催取，即作复谢，先以诗集初编第十卷乞其写完。"②不过最终未能成形，从上文稿本题记可知，经学摘录只到咸丰十一年（1861）。《皇清经解续编》中并没有收录任何李慈铭的经学著作。

又，中国科学院国家科学图书馆藏《越缦堂杂著》内有一册《越缦经说》，书衣题"越缦经说　上册"，卷端题"越缦笔记"，版心也镌"松竹斋"字样，与国图本应为同一种。该书第一条是"己亥正月游厂甸，以钱二十五缗买得临海洪筠轩先生颐煊《读书丛录》"，系咸丰十一年（1861）正月初十日事；末一条为"阅东乡艾至堂畅《大学古本注》一卷"，系同治六年（1867）九月十五日事。该册内容可以补国图本之缺。

受礼庐丧服经传节要读本一卷

稿本，中国科学院国家科学图书馆藏《越缦堂杂著》之一。末有李慈铭识语，言编此书原委："丧礼者，人伦之本，孝事之大。自汉至隋，儒者孜孜以为先务。"唐开元间李林甫纂修《六典》，"由是学者罕事丧礼，以及于今"。从而导致"俗师陋儒谬种流传"，"公卿大夫多不能知"，"世俗之日坏，人道之日晦，岂非此与？"同治五年（1866）母亲病逝，季弟惠铭相从问礼，李慈铭于是仿照朱子《仪礼通传经解》例，取《仪礼·丧服》篇以及《礼记·丧服小记》《问丧》《间传》《三年问》《丧服

① 《越缦堂诗文集》，第866页。
② 《日记》，第11615页。

四制》等，"谨遵郑注，略采众说，间亦附以鄙见"，编为是书。

同治六年（1867），李慈铭在《与吕定子书》中谈到："近为《仪礼丧服疏证》及《后汉书集解》两书，俱已粗有头绪，但庐中既无他书可相参校，外又无所借，其成否不可知耳。"① 此《仪礼丧服疏证》疑即《受礼庐丧服经传节要读本》。

弟子职集解一卷

稿本，中国科学院国家科学图书馆藏《越缦堂杂著》之一。在书末长篇跋语中，李慈铭认为《弟子职》是三代专教弟子之书，宋以后被摒弃小学之外，"国朝诸儒言汉学者专以文字、训诂为学僮先入之功，而讥宋儒不解小学二字为何谊。今以《艺文志》晓之，《孝经》之后为《尔雅》《小尔雅》《弟子职》《急就章》，则汉以前之所谓小学固合二者并言而不可偏废，然则汉宋之邮可通，而诸儒之争不亦可以息哉！"有鉴于此，李慈铭以庄述祖《珍艺宦遗书》本《弟子职集解》为底本，校以明天启五年（1625）沈鼎新花斋刻本《管子》、朱子《仪礼经传通解》以及仁和孙元同校注本，"其解有未备者，补以孙氏及歙程氏瑶田《通艺录》之说，间附管见，主于文从字顺，读者易解而已。"

二、日记

越缦堂日记不分卷

稿本，咸丰四年至同治二年间（1854—1863）日记现藏于上海图书

---

① 《越缦堂诗文集》，第850页。

馆①，同治二年至光绪十五年（1863—1889）部分现藏于上海博物馆②，光绪十五年以后的日记未知藏于何处。

李慈铭从小就喜欢摆弄文笔。道光二十五年至二十八年之间（1845—1848），十余岁的他就开始写日记。此后一度中断，至咸丰四年（1854）三月十四日开始，他决心每日都撰写日记，举凡家国大事、个人言论、良友清谈等都记录下来。从此以后，几乎从未断绝，最后形成七十余册的《日记》，洋洋大观，被誉为晚清四大日记之一。

李氏所撰日记，每隔一段时间，都会取一个不同的名字，就现存稿本而言，大致有以下几种：甲寅日记（咸丰四年，1854）、越缦堂日记（咸丰五年至同治二年，1855—1863）、孟学斋日记（同治二年至五年，1863—1866）、受礼庐日记（同治五年至七年，1866—1868）、祥琴室日记（同治七年至八年，1868—1869）、息荼庵日记（同治八年，1869）、桃花圣解盦日记（同治八年至光绪五年，1869—1879）、荀学斋日记（光绪五年至二十年，1879—1894）。

虽然日记稿本已经影印出版，但是仍有两点值得注意：一是原稿中粘贴有许多浮签，影印时并未纳入，上海图书馆藏有一部《越缦堂日记补佚文》，书衣有顾廷龙先生题记云："从原稿书头移录，今印本未曾照入，想系遗漏，是可宝也。"二是稿本书衣上多有李慈铭及其友人的题记，颇可参考，如上图藏本《甲寅日记》书衣上有李慈铭题记："此卷字迹潦草，所记亦多拙陋不足存，特念自后日记鲜有中断，中年之力由此渐深，一生学问亦颇以渐至坚定，则此书不特为嚆矢，实予成业之关键也。已

---

① 上图又藏有一部《越缦堂日记戊集》，为咸丰八年正月一日至六月二十一日日记，钤"慈铭私印""越缦堂主"等印，当为李氏手稿，内容与此重复。

② 此据《中国古籍善本书目》，又另据说有一些已经退还，尚待确认。

未入都，偶置诸行箧，遂得免为劫灰，携以俱返，是亦筌蹄之幸存者，姑聊以塞鼠云耳。"

李慈铭死后，其日记手稿未几即散出。绍兴悦康钱庄经理吴德璋之母斥资从李氏后人手中购得，后因钱庄倒闭，不得已售书以筹资 ①。此稿本遂转入周叔廉处 ②，后归入公藏。另有九册《荀学斋日记》藏于樊增祥之手，樊氏死后，其流传情况已然不知。1988 年北京燕山出版社影印出版《荀学斋日记》时，对其流传情况、甚至现藏何处都未言明，似有隐晦之处，不得而知。

越缦堂日记钞不分卷

钞本，国图藏。所用稿纸为"震豫泰制"，钤"会稽李氏困学楼藏书印"。共收笔记三十篇，第一篇为"葛品莲狱"，最后一篇为"阅萧山王小谷重伦文斋笔录"。内容多与越地风俗、地理有关，兼及李氏家族人物、李慈铭交游与读书。所收各篇皆从日记中钞录，为李氏审阅。

越缦堂日记一卷

绍兴公报社编，《越中文献辑存书》第一集之三，清宣统二至三年（1910—1911）绍兴公报社铅印本。该丛书目录载："本书每日随报附刊，未及详细雠校，讹误兹多，应出校勘记，当于第二集中刊入。"又《越缦堂日记》版心下镌刊印年，起宣统二年（1910）九月，止宣统三年（1911）三月。可知此《越缦堂日记》于宣统二至三年附刊于《绍兴公报》后，积篇成书，收入《越中文献辑存书》中。之前越缦日记向未刊印，此为

---

① 沈家峻：《李慈铭〈越缦堂日记〉并藏书易主经过》，载《绍兴文史资料选辑》第 10 辑。

② 顾廷龙：《越缦堂日记补佚文》题记，钞本，上海图书馆藏。

其首印者，虽系节刊，后人可由此得见日记之概貌。该书第一条"阅桐城钱饮光澄之《所知录》三卷"，见载日记的时间为咸丰五年（1855）四月十九日，最后一条"阅《铁崖乐府》诸集"，为光绪十四年（1888）五月二十三日之事，时间跨度较长。所摘内容以越缦读书、著述等为主，间有行程、越事等的记载。

越缦堂日记钞二卷

《古学汇刊》第一编杂记类之四，1912—1914 年上海国粹学报社铅印本。此书是继绍兴公报社《越缦堂日记》后较早刊印的日记节本之一。内容起咸丰十年（1860）三月二十二日，止光绪元年（1875）二月初一日，以摘录李氏读书文字为主，兼及学术评论。该书的编者应是缪荃孙。《艺风老人日记》载："（宣统三年七月）十六日辛巳晴，到馆晤曹君直，赠重伊《续考古图》一部，借《莼客日记》四册回。"[1] 这是缪氏初次详细阅读李慈铭日记，因而第二天才会有如此感慨："读《莼客日记》，至其壮年搜讨之勤、著作之杂，谭复堂且不逮，何况余。目丙子缔交，前后几二十年，乃不能知其旧日功夫如此之密，今所传仅诗十卷、骈文数十篇，实不足尽莼客也。"[2] 此后四个月内，缪荃孙多次阅读《越缦堂日记》，并从中辑录文字，直至当年十一月廿八日方才"校《莼客日记》毕"[3]。1912年 3 月 14 日，缪荃孙"赴国粹报馆晤秋湄，交去《毛诗释地》六卷、《四书集注笺》四卷、《士礼居题跋续编》四卷、《莼客日记》二卷、《三垣笔记》

---

① 缪荃孙:《艺风老人日记》，北京: 北京大学出版社 1986 年版，第 2411 页。

② 缪荃孙:《艺风老人日记》，第 2412 页。

③ 缪荃孙:《艺风老人日记》，第 2441 页。有关缪荃孙校阅越缦堂日记，可参见该书第 2413、2416、2423、2425、2437 页等。

三卷"①。缪荃孙编辑时所据底本似乎不是日记原稿，而是钞本，要不然他后来就不会向李慈铭之子商借日记之事②。将此本与日记原稿核对，可见《越缦堂日记钞》刊印质量较差，诸如讹字、脱字、脱句现象比比皆是，更有甚者，居然还有增文加字现象，如同治二年（1863）九月初七日"阅《巢经巢经说》"，"以著康成改读之由"句后原稿作"文多不载"，而此本则详细摘录出相关文字。此书的价值主要体现在其中有四处原稿上为涂抹而本书有相关文字，可为日记研究提供重要参考。

越缦堂日记不分卷补不分卷

日记如何出版，李慈铭早在同治二年（1863）对此就有所思考："而向所为二十八卷中，尚取其考据、议论、诗文、踪迹稍可录者，分类裒之，以待付梓。凡所余者，或投之烈炬，或锢之深渊，或即藏之凿楹以为子孙之戒。"③莼客卒后，其子亦拟按此思路出版日记，然迁延日久，主其事者相继辞世，日记之问世渺然无期。1919年，蔡元培与傅增湘等人作为发起人，筹资影印李氏日记。直至1920年方才告竣，以北京浙江公会名义出版④。此次仅影印清同治二年至光绪十五年间（1863—1889）日记。此书一出，反响巨大。各种摘编、辑录之书层出无穷。学者据此既可见越缦之书法，更可知其为人与学问。

《越缦堂日记》出版后，尚余同治二年（1863）以前的十三册日记。蔡元培仍想秉承越缦原意，类编出版。不想十余年过后，此事毫无进展，最后只好采纳钱玄同之意，依旧用影印之法出版剩余部分。1936年上海

---

① 缪荃孙：《艺风老人日记》，第2470页。
② 缪荃孙：《艺风老人日记》，第2498页。又托陶心云商借日记，见第2513页。
③ 《日记》，第2323—2324页，《孟学斋日记》序。
④ 详细出版过程，可参见蔡元培所撰《印行〈越缦堂日记〉缘起》一文。

商务印书馆出版了咸丰四年至同治二年间（1854—1863）日记。至此，除樊增祥手中九册日记外，莼客所有日记手稿皆得以问世。

日记之模范一卷

余慕之辑，1933 年上海医学书局影印本。该书牌记镌"此为《越缦堂日记》五十一册之精华录也。堪为文学家日记之模范"。据此可知《日记之模范》全据 1920 年影印本《越缦堂日记》摘录。余慕之对李氏日记颇为推崇，认为："书有钟、王，诗有李、杜，文有韩、柳，皆为后人所规模，何独于日记而无之……而蔚然巨帙、足为斯道之绵绝者，则其惟李慈铭《越缦堂日记》乎。"将李氏之日记比之钟、王之书法，似有过誉之嫌。

越缦堂詹詹录一卷

李文𤧩辑录，1933 年铅印本。文𤧩字虚尘，原名筨，幼字亚宰①，系越缦族侄。光绪十九年（1893）秋，文𤧩应京兆试，"得见侍御公于保安寺街旅邸，侍斋聆训，极承奖饰。"《越缦堂詹詹录》内容起同治二年（1863）四月十一日，止光绪十五年（1889）七月初八日，"序"言"侍御公自少迄老，学问文章多在此五十一册中"，是知此书乃据浙江公会影印本日记摘录。又"序"言编纂动机，认为日记"然记事迹所经非连类而及，读者或多略之，文𤧩于是殚几经日，力掇晬成之，编为上下册，借名之曰越缦堂詹詹录"。

荀学斋日记

李慈铭病逝后，留下了七十三册日记。民国时期，蔡元培先后影印

---

① 李文𤧩：《梦楄纽室诗存》，1933 年铅印本。

出版了其中的六十四册，另外九册（一说八册）因为在李氏学生樊增祥手中，故而一直未能面世。关于这部分日记的下落，历来众说纷纭。有人认为早已被樊增祥烧毁了，也有人认为它极有可能仍然存在天壤之间。1986 年 10 月《燕都》杂志第五期刊载了署名史客点校整理的《郇学斋日记》，起光绪十五年（1889）七月十一日。文中提到："最近发现的《郇学斋日记》九册，起于光绪十五年（1889，己丑），止于光绪二十年（1894，甲午），是李慈铭晚年最后的日记手稿"，并说该书即将由北京燕山出版社出版①。随后的第六期以及 1987 年第 1—5 期，《燕都》都刊发了署名海波点校整理的《郇学斋日记》，止于光绪二十年正月元日。1987 年第 5 期刊登了"《郇学斋日记》（手稿）即将影印出版"的广告。第二年，该书终于面世，距上次日记的影印出版相隔半个多世纪。以往对它的种种猜测，至此画上了句号。

癸巳琐院旬日记一卷

光绪十九年（1893）八月初六日，李慈铭以御史选派顺天乡试内帘监试，并于当天下午束装入闱，居住会经堂，直至九月十一日事毕返家。此在《荀学斋日记》中有记载②。不过九月初一日日记仅有两行，初二至初十日付之阙如。

陈左高先生在《关于李慈铭日记的一些发现》中提到："数年前，我凑巧获见亡友潮阳陈蒙厂（运彰）先生珍藏的孤本之一——李慈铭《癸巳琐院旬日记》，系商务印行本外的手稿，1893 年（光绪十九年）9 月 1 日至 11 日，李氏以御史充任顺天乡试内监试时所写。全书仅用万字，却

---

① 李慈铭：《郇学斋日记》，载《燕都》第 5 期。
② 《日记》，第 13499—13526 页。

叙述了清末考试制度、人物掌故，间亦附学术商榷，及所拟诗篇。"①《癸巳琐院旬日记》出上述诸种日记之外，填补了《荀学斋日记》的所缺内容。郑逸梅先生也有类似说法："陈蒙安藏有李慈铭之《越缦堂日记》集外稿，凡二十页"②，又说："陈蒙安藏有李越缦《癸巳琐院旬日记》手稿本，自清光绪十九年九月一日至十一日，足补《越缦堂日记》之缺。"③陈左高据此手稿本过录一部钞本，并在《历代日记丛谈》中将之整理出来，略加注释④。我们可循此知其概貌。《癸巳琐院旬日记》手稿本现藏于上海图书馆。

将《历代日记丛谈》本《癸巳琐院旬日记》与《荀学斋日记》比较，我们发现《荀学斋日记》已有的内容：初一两行文字、十一日文字，在《癸巳琐院旬日记》中都有完整反映。也就是说，《癸巳琐院旬日记》所补内容限于初一日部分内容、初二至初十日全部内容。

越缦堂日记

李慈铭日记分《越缦堂日记》《越缦堂日记补》《荀学斋日记》三次出版，前后跨越六十余年。随着近年来晚清史以及李慈铭研究逐渐为人所重视，学者利用日记的需求越益强烈。可是前两种日记出版于民国，后一种版印数量较少，故而学者们只能去图书馆借阅日记，难能使之成为书斋插架之物。2004 年，广陵书社合三种日记为一书，出版《越缦堂

---

① 陈左高：《关于李慈铭日记的一些发现》，《文物》1962 年第 3 期。后陈氏又在《历代日记丛谈》中说："四十八年前，承吴眉孙（庠）老先生见示慈铭此一《癸巳琐院旬日记》未刊稿，原在我故友陈运彰（蒙厂）教授家，虽非全帙，却属海内孤本，遂手录副，以便雒诵。"

② 郑逸梅：《艺林散叶》，北京：中华书局 2005 年新 1 版，第 126 页。

③ 郑逸梅：《艺林散叶》，第 231—232 页。

④ 陈左高：《历代日记丛谈》，第 89—94 页。经与手稿本比较，此整理本存在数处讹误。

日记》，并被纳入《国家清史编纂委员会·文献丛刊》之中。此举颇受学界欢迎。稍可遗憾之处是，未能将《癸巳琐院旬日记》纳入其中，以成完帙。

三、谥法

明臣谥录一卷

稿本，中国科学院国家科学图书馆藏《越缦堂杂著》之一。前有长篇题记，言编书原委。明代谥法之书，数量颇多。明人鲍应鳌《明臣谥汇考》二卷、郭良翰《明谥记汇考》二十五卷二书李慈铭都未见。叶秉敬《明谥法考》三十卷依韵编次，分卷虽多而略显简陋，"《四库书目》亦言叶考远不及鲍、郭二家之详核。"且上述三书所记都止于明中叶。"近人叶廷甲著《历朝谥法考》，世间绝少行本。练恕《多识录》中有《明谥考》一种，亦甚疏略。"咸丰七年（1857），李慈铭计划就叶书而稍加增订，因事未果。入都以后，由于未见鲍、郭、叶三书，又无藏书家可借，"因仅仅取《明史》及《明史稿》《明诗综》《贡举考》诸书即练书为蓝本，草草增辑，以总书二行录之。"同治四年（1865）返家后，"适友人傅以礼节子亦为是考，数相商榷，乃稍事校补，重录一通，以俟他日，踵而成之。"内容起徐达，止侯伟时。

皇朝追赐明臣谥录一卷

稿本，中国科学院国家科学图书馆藏《越缦堂杂著》之一。详列顺治九年（1652）、乾隆四十一年（1776）所赐明臣谥号，另列"赐明季殉节诸臣专谥""通谥忠烈诸臣"。

国朝王公贝勒贝子将军谥一卷

稿本，中国科学院国家科学图书馆藏《越缦堂杂著》之一。分为四
类：世袭亲王君王谥，起礼亲王，止定亲王；王谥，起庄王舒尔哈齐，止
钟端郡王奕誴；贝勒贝子谥，起贝勒塔察偏古，止袭多罗贝勒海山；奉恩、
镇国、辅国公将军谥（凡兼他职者皆列入文武大臣中），起辅国公塔拜，
止固伦额附袭达尔汉和硕亲王色布腾巴尔珠尔。

国朝文臣谥录一卷

稿本，中国科学院国家科学图书馆藏《越缦堂杂著》之一。卷端著
者题"同治癸亥十一月会稽李慈铭编"，又题名下题记述其编辑原委："据
潘太傅《思补斋笔记》中'文臣谥录'而益以近时史馆档册，又略采诸
家文集草录成编。戊辰十一月，得歙人鲍康《皇朝谥法考》复校补一过。"
内容起文忠索尼，迄谨愍右宗人固山贝子奕缙。

国朝武臣谥录一卷

稿本，中国科学院国家科学图书馆藏《越缦堂杂著》之一。卷端有
题记云："文臣据潘录例，以《会典》所载谥法依目序录，武臣姑从档册，
略以时代先后为次。"内容起定南王孔有德谥武北，止将军追封三等承恩
公成德谥威恪。

四、读书记

越缦堂读史札记十一种

王重民纂辑，民国国立北平图书馆铅印本。王重民（1903—1975），

字友三，号冷庐主人，河北高阳人。1928 年北京高等师范学校国文系毕业后不久，王重民即进入北海图书馆（今国家图书馆），恰逢馆方新购得越缦堂藏书，于是便从事整理工作。工作之余，王重民开展李氏藏书上批校题跋的整理，计划将批校整理为读书札记，题跋整理为读书记①。《北京图书馆月刊》第 1 卷第 1 至 2 号刊载了王重民整理的《前汉书札记》，第 1 至 4、6 号又刊载了王氏整理的读书记，共计四十六种。

《越缦堂读史札记》收书十一种，分别是：《史记札记》二卷、《汉书札记》七卷、《后汉书札记》七卷、《三国志札记》一卷、《晋书札记》五卷、《宋书札记》一卷、《梁书札记》一卷、《魏书札记》一卷、《隋书札记》一卷、《南史札记》一卷、《北史札记》三卷。此外，李慈铭还有其他史书批校题跋，只是"两唐书以下批校不多，拟入读书录，明史研究虽深而稿本不传，零说散在《日记》内"②。《札记》内容以辑自藏书为主，部分来自《日记》，《汉书札记》中有杨树达按语，注明是否收入《汉书补注》中及其异同。

王氏此书开后来越缦堂藏书整理之先河，许国霖、由云龙、王利器等人皆循此接踵而为，从而使得民国时期越缦堂藏书记的整理达到一个高潮。2003 年，北京图书馆出版社（今国家图书馆出版社）影印出版该书，并将其书名改为《越缦堂读史札记全编》。

越缦堂东都事略札记

许国霖辑，1936 年北平图书馆铅印本，本书为《国立北平图书馆馆

---

① 《北京图书馆月刊》第 1 卷第 1 号《本馆略史》载："本馆经地方当局之介绍，全部收入（越缦堂丛书），另将李氏批校文字，编为读书札记，布于本刊。"另，《北京图书馆月刊》第 1 卷第 2 号载："本馆既购得先生藏书，检其题记，有出于《日记》外者，亟备录之，略加铨次，署曰《越缦堂读书记》，世之君子以观览焉。"

② 王重民：《越缦堂读史札记全编》，目录后跋，北京：北京图书馆出版社 2003 年版。

刊》第十卷第二号抽印本。《东都事略》一百三十卷，系南宋王称所撰的一部纪传体北宋史。许国霖，生卒年不详，湖南湘阴人，曾就职北平图书馆写经组，对敦煌文献颇有研究。该书前有许氏识语，载："余客岁阅《东都事略》，书眉有先生朱墨批注甚多，于原书简略讹误之处，悉据《宋史》诸书校勘补正。先生精深史学，具有卓见，谨就公余之暇，录其眉批，辑为《〈东都事略〉札记》一卷，更采《越缦堂日记》内，有关《东都事略》者四则，附之于后，以为读是书者之参考焉。"李氏所批底本为清五峰阁刻本。

乾隆绍兴府志校记不分卷

蔡冠洛辑，1929 年铅印本。蔡冠洛（1890—1955），字丏因，号可园，浙江诸暨人，曾任教绍兴，著有《清代七百名人传》等。该书前有同年蔡冠洛序，其中谈到刊印该书的缘起："今王（子余）先生以友人李鸿梁君之介，出其手钞《绍兴府志》校本，属为编写，将以付印，以存文献于万一，犹之其数十年前之意耳。"说明此书是据王子余所藏钞本校刊的。此书后有 1993 年上海书店影印《中国地方志集成·浙江省府县志辑》本。1974 年文海出版社影印本《清代稿本百种汇刊》收录该书稿本，然细审其笔迹，似并非出李氏之手，因而所据稿本颇可怀疑。

山阴县志校记

俞奇曾辑，1930 年铅印本。末有俞氏跋，言此书系据王子余所藏手钞本校刊。校记内容除考证之外，间有对该书体例的评论，如第一条即抨击该书分为"土地""人民""政事"三类，认为不妥："是大谬也。"此为研究李氏方志思想的重要内容。1993 年上海书店影印《中国地方志集成·浙江省府县志辑》本收录此书。

越缦堂读书记

此前刊印的李慈铭读书记多据其藏书整理，而随着《越缦堂日记》《越缦堂日记补》的相继出版，从日记中辑录读书记成为可能。最早大规模辑录李慈铭日记中的读书记的是周云青。周云青辑有《越缦堂读书记》十卷，不过没有单行本，全部散入所著《四部书目总录》一书中①，所以难见全书的概貌。而现在我们所能见到的全面、系统反映《越缦堂日记》中李氏读书记的是由云龙辑录的《越缦堂读书记》。由云龙（1877—1961），云南姚安人，曾任云南代理省长、云南政协副主席。由氏辑录情况可据 1959 年商务印书馆版《越缦堂读书记》的出版说明中获悉："本书原由由云龙先生所辑，解放前曾经排印过，并未发行。但由先生的辑本没有辑入咸丰二年至同治二年的日记（《越缦堂日记补》13 册）中的材料，而且原书仅有白文，内容也嫌凌乱。这次由我们依据两种日记原书，加以补订和标点，并试照新的分类，重为排列。"该版按照哲学思想、政治社会经济、历史、地理、科学技术、军事、语言文字、文学、艺术、宗教、综合参考、札记等类别，编排李慈铭的读书记。2000 年上海书店在出版《越缦堂读书记》时，又对它重新进行编排，改变以往的十二分类，采用通行的经史子集四部分类，从而更便于学术界的使用。

---

① 王重民先生在《李越缦先生著述考》一文（《国立北平图书馆馆刊》第 6 卷第 5 号）的"越缦堂读书记"条中谈到："按余所辑者，均从越缦先生所批校原书迻录。友人周云青先生曾就《日记》评阅群书各条，辑为《越缦堂读书记》十卷，即散入所著《四部书目总录》中，无单行本。"又《〈四部书目总录〉样本》一书中载有"《越缦堂读书记》十卷，清李慈铭撰，今人周云青编次"。

越缦堂读书简端记及续编

王利器纂辑。王利器（1911—1998），重庆江津区人，著名国学大师。从李慈铭藏书中辑录其批校题跋，此前已有王重民、许国霖等，但是大规模从事这一工作的，首推王利器。他以国图所藏李氏藏书，兼及个人藏书，孜孜不倦，钞录书中的批校题跋。《越缦堂读书简端记》收书十九种，1980 年天津人民出版社出版；《越缦堂读书简端记续编》收书八十七种，1993 年天津古籍出版社出版。两书涉及李氏藏书达一〇六种。然而仍有遗漏者，笔者就从馆藏中另发现数十种有批校题跋的李氏藏书，辑得七万余字，即便如此，尚不敢称业已搜罗无遗。

五、诗文集

白华绛柎阁诗集十卷

李慈铭曾自称于经史以及稗说、梵夹、词曲，"亦无不涉猎而模仿之也"，其中所得意者莫如诗："其为诗也，溯汉迄今数千百家，奇耦真伪，无不贯于胸中，亦无不最其长而学之，而所致力莫如杜。"[1] 莼客诗集，最早有《越缦堂壬癸诗词集》[2]，后有《越缦堂甲集诗》[3]，直至同治元年（1862）九月二十三日方才定为现名，并为之作序[4]。"白华绛柎阁者，先王母建以奉佛者也"，"此盖予学诗之始矣"[5]。由此可见，李慈铭以"白

---

① 李慈铭：《白华绛柎阁诗初集自序》，载《越缦堂诗文集》，第 788 页。
② 《日记》，第 55 页。
③ 《日记》，第 1254 页。
④ 《日记》，第 2146 页。
⑤ 同①。

华绛跗阁"名其集，颇有寓意。诗集在定稿之前，叠经多次删订，最终定为甲、乙、丙、丁、戊、己六卷，结为一集，收录道光二十四年至同治元年（1844—1862）所作诗约四百首。光绪十三年（1887），在友人劝说下，李慈铭又辑录同治元年以后所作诗，至十三年止，编为四卷，合此前共计十卷。光绪十六年（1890），"吾友王子继香由庶常授官编修，乞假归，乃持是集以往，竭束修所得，缮写付刊"①。十七年（1891）三月初一日，王继香从家乡返京，携来诗集样本，并请李慈铭校订、撰写新序。十八年（1892）二月十八日，继香再次返京，以新校刻《白华绛跗阁诗集》一部见赠。至此李慈铭第一部诗集刊刻告竣，即为光绪十六年刻本。此本后有石印本以及1939年中华书局铅印本。

光绪以后所作诗没有收入到《白华绛跗阁诗集》。光绪十九年（1893）五月十九日，季士周来信，转交三百两银子，乃李鸿章从盐务中筹得，以为续刻李慈铭诗集之资②。不过随着一年之后李慈铭的病逝，续刻之事渺渺无期。

1931年12月，上海商务印书馆据光绪十六年刻本《白华绛树阁诗集》排印，另取名为《越缦堂诗初集》。是后多次再版。惜此书前后无序跋。

越缦堂杏花香雪斋诗钞九卷

稿本，国家图书馆藏。钤"慈铭私印""越缦诗书画印"等印。以天干分卷，起甲讫壬。杏花香雪斋，本李慈铭之书房，因有红杏丁香而称此名。

前有光绪二十年（1894）六月李慈铭长篇序文，解释《杏花香雪斋》

---

① 李慈铭：《白华绛跗阁诗初集自序》，载《越缦堂诗文集》，第789页。
② 《日记》，第13442页。

的内容："复自光绪纪元，岁在乙亥，迄至甲午，已历念载，凡所作古今体诗，略计千余首。其间酬戏之作，半已删消竟，存八百余首，尚不敷分订十集，待至明年，或可充卷，命名《杏花香雪斋》。"光绪二十年三月，族侄李维荣来京候部分发，居住在李慈铭寓所，叔侄俩畅谈家乡逸事，相得甚欢。"此次荣侄来京，戚族至好多丐其钞录《杏花香雪斋诗集》"，"今荣侄尽月余之力，已全钞十卷峻功，请予自注校讹。予病大作，始而复辍。今荣侄南回有朝，复请予首序数言。"审序及正文之笔迹，非出自李慈铭之手，当系李维荣所为。虽然如此，在现存诸种《杏花香雪斋集》中，此本是唯一经李慈铭审订者。

杏花香雪斋集十卷

钞本，上海图书馆藏。钤"李慈铭字爱伯""荀学老人""白华绛跗阁清课""遂翔经眼""杭州王氏九峰旧庐藏书之章""曾经民国二十五年浙江文献展览会陈列"等印。可知此书曾经朱遂翔（杭州抱经堂主人）之手售归王体仁收藏①，并参加了1936年11月在杭州举办的浙江文献展览会②。

该书壬集卷端下题："乙卯十一月十八日夜漏五下，受业樊增祥手校，时年七十。"可知此钞本曾经樊增祥审阅。又卷末有1935年李氏族人李济锵跋语，云："春初，族祖璧臣公殁，发遗箧得此本，以归公家，而承侯族祖早卒，后人昧昧不复知文，辄流落坊肆。夏归里，以重金访得之，

---

① 王体仁（1873—1938），字绶珊，浙江绍兴人，后迁居杭州，筑藏书楼"九峰旧庐"，辛亥后移居上海。

② 《文澜学报》第2卷第3、4期"浙江文献展览会专号"载："杏花香雪斋诗　四卷　二册　清稿本　清会稽李慈铭著　九峰旧庐旧藏　分为甲乙庚辛四卷，已刊行。此其底稿。收有'李慈铭字爱伯''荀学老人''白华绛跗阁清课'等印。"

观其书迹修整，非寻常钞胥所能，求鉴于嘘尘族祖，识为承侯公手笔，而以民四年随日记携以之平，由樊云门先生校定者。"题跋指出此本的钞写者为李慈铭之子李承侯。

杏花香雪斋诗八卷

1917 年越铎日报铅印本。以甲、乙、丙、丁、戊、己、庚、辛分卷，版心上题"国学选粹"，版心题"越缦堂杂著之一"，版心下题"越铎日报刊行"。末有 1917 年张钟湘跋，详述刊印过程："右杏花香雪斋诗八卷，合古今体得八百二十八首，莼老后《白华绛跗阁集》而作也。甲寅冬，湘于袁梦白词丈欧钵罗室获睹钞本，宝之，亟借钞甲乙丙丁戊五集，寄莼老之哲嗣澄侯世丈，丐其雠校，余以穴故不竟。乙卯秋，湘在沪辑大夏丛刊，录载不数十章，丛刊以忤项城帝政而殇，惜不获以全豹示世。今年春，吾友陈子瘦匡于《越铎报》有国学选粹之辑，索稿于湘，乃出向所钞者实之。时梦丈已参军皖省，复驰柬索巳庚辛三集，历时数月，始克成书，匆促付椠，鲁鱼亥豕，间不能免。至壬癸二集，搜访几遍，卒不可得，殆莼老未曾检订，或已散佚。"

越缦堂诗后集十卷

孙雄编，1921 年钞本，国家图书馆藏。前冠《略例》、平步青所撰《传》、论诗日记。《略例》言此书据 1920 年浙江绍兴公会影印本《日记》录出，并注明年月，起同治十三年（1874）十二月，迄光绪十五年（1889）七月，另书末附录四首为日记缺载："先生于癸巳正月赠余五律二首，甲午七月送余馆选后省觐还吴七律一首，又癸巳闱中赋呈济宁尚书七律一首，均附录于卷十之末。"关于此书书名为何不用"杏花香雪斋诗"，而用现名，孙雄解释道："今日编集似宜沿用此名，然先生日记三十余年中屡更其名，杏花香雪斋亦仅一时意兴所托，不如越缦堂之千秋景仰也。故定名为越缦堂诗后集。"此本曾经樊增祥审阅，书眉间有其批校，颇为珍贵。

越缦堂诗续集十卷

由云龙编，1933 年商务印书馆铅印本。前有编者 1922 年序，言《白华绛柎阁诗》收录道光二十四年至同治十三年间所作诗八百五十首，业已出版，而其续集《杏花香雪斋诗》则迟迟未见面世，因从新出版的浙江绍兴公会影印本《日记》中，摘录光绪元年至十年间所作诗，编为十卷。1933 年铅印本为该书最初版本。

杏花香雪斋诗十卷补一卷

吴道晋辑校，1939 年上海中华书局铅印本。前有 1921 年樊增祥序，初言 1920 年五十一册越缦日记刊印之事，次言是书之编者："同门孙君师郑晚隶门墙，笃于风谊，举先生未刻稿，手自编录，都七百六十一篇，厘为十卷，将以付诸剞劂，以余与先生积数十年性情文字之契，属为弁言。"因此颇疑此书即据前述《越缦堂诗后集》排印。书末补充诗三十一首，乃据日记补录，起光绪元年（1875），讫光绪十三年（1887）。

越缦堂诗词稿不分卷

稿本，国家图书馆藏。内收李氏诗五首：自题湖塘村居图四首，子宜仁弟濒行、再来走别、赋此送之；另有词一首：金菊对芙蓉，题注云：京邸邀同人作展重阳之饮，即送少赟入粤、子宜赴闽。上述诸首诗词皆是李慈铭写与孙星华（子宜）的。

湖塘林馆骈体文钞二卷

李慈铭文集之名，初为《越缦堂文集》，咸丰五年（1855）正月十四日《日记》言："作《癸丑兰亭秋禊诗序》，存《越缦堂文集》中"①，又四月初八日《日记》载："作《唐宣宗论》，存《文集》中。"② 不过此书未能保存下来，或许毁于兵燹。

李氏所作之文多散见于《日记》中，早年尚曾有结集的计划，咸丰之后，由于处境困顿，终日为生计忧愁，已无心从事整理之役。光绪元年（1875）六月二十一日，"终日辑录所作骈文"③，是为李氏整理文章之始。此项工作似乎进展较缓，直至十月初三日，方才完成第二卷④。

李慈铭文集之刻始于光绪十年（1884）何澂刊印的《湖塘林馆骈体文钞》。何澂（？—1888），浙江山阴人，诸生，捐资为郡丞，在福建任职。李慈铭视之为后进。两人相识在同治四年（1865）后，"竟山日自亲于余"⑤。光绪十年，何澂在福建刻印了李慈铭的《湖塘林馆骈体文钞》："（光绪十二年四月十六日）得何竟山福州书，寄来《湖塘林馆骈体文》十册，是甲申岁竟山从孙生子宜得传钞本为刻之闽中者。"⑥该书共二卷，收录骈文二十九篇，其中上卷十三篇、下卷十六篇。由于是据传钞本刊

---

① 《日记》，第 150 页。

② 《日记》，第 190 页。

③ 《日记》，第 6586 页。

④ 《日记》，第 6706 页，言"补钞骈体文第二卷迄"。

⑤ 《日记》，第 11829 页，光绪十四年七月二十九日，两人相识似乎与周氏兄弟或赵之谦有关，要不然书中谈到此一点时，有近两行字的涂抹。

⑥ 《日记》，第 11071 页，又据光绪十四年七月二十九日《日记》记载，"（何澂）其摄浦城，于孙生子宜处得十余年前所钞余骈文一册，亟为开雕。"

刻，且未得李氏审定，故而讹误之处在所难免："中有已删去及未改定之作，且多误字。"①数年后，何澂又增刻三篇书信（《复潘郑盦尚书书》《复赵桐孙太守书》《复沈晓湖书》）②。

光绪十三年（1887）九月初三日，李慈铭开始邀请年家子娄俪生从自己的日记中分类钞录相关文字。到二十四日，共钞录骈文三十七首，"去其《书沈清玉先生文集残本后》五首，共三十二首，已得纸七十二番，即以寄王益吾学使刻之"③。光绪十五年（1889），王先谦在长沙刊刻《国朝十家四六文钞》，其一即为李慈铭的《湖塘林馆骈体文钞》。王刻《湖塘林馆骈体文钞》共二卷，收录骈文三十篇（上卷十六篇、下卷十四篇），与李慈铭所寄数量尚差二篇。王刻本《湖塘林馆骈体文钞》与何刻本相较，两者重复篇数仅有十九篇，王刻本中收录诸如《轩翠舫记》等新撰之作。此本后有光绪二十一年（1895）上海书局石印《国朝十家四六文钞》本。

越缦堂骈体文四卷散体文一卷

曾之撰编，曾朴校，清光绪二十二年（1896）常熟曾氏刻本，版心下镌"虚霩居丛书集部"数字。前有曾之撰序，除谈及与李慈铭交游外，也叙述了该书的刊刻经过："壬辰，儿子朴赴春官试，令执贽受业于门，先生因属羧甫从日记中录出骈文稿两册，畀朴寄示，余受而藏之，以先生方奉职谏垣，惧涉声气，未付剞劂……（甲午）乃发箧所藏骈体文若干篇，编次为四卷，原册中误入散体文若干篇，别为一篇附后，校付手

---

① 《日记》，第 11071 页。

② 《日记》，第 11691 页，光绪十四年二月十四日《日记》载："得何镜珊正月中福州书，并所刻拙著《骈文》十册，又新增书三首，不知传钞于何人也。"

③ 《日记》，第 11560 页。

民。"全书收录骈体文九十七篇、散体文五篇，是此前所出版文集数量最多者。"然先生尝曰骈文有百五十篇，意录稿者尚有遗漏"，因此另有三分之一左右数量的骈文尚待挖掘、整理面世。

越缦堂文钞一卷

民国初年铅印本。所用纸为"禹域新闻"旧报纸，时间起 1913 年 12 月 10 日，迄 1914 年 1 月 10 日，据此可知该书出版日期当在此后不久。该书收录文章四十八篇，目录末叶版框外镌有数十字，言其所据底本乃平步青藏钞本："平景孙观察从《越缦堂日记》中录藏其文凡如干首，本社得平氏钞本，不敢自饷，刊供同嗜，惟窥豹一斑，憾非全稿。"是书为《禹域丛书》第一种。

越缦堂文集十二卷

王重民编，1930 年国立北平图书馆铅印本。目录末有编者识语，言该书收录李氏古文一百三十四篇，皆"从《越缦堂日记》《越缦堂日记钞》《新古文辞类纂》稿本、《续碑传集》及王书衡先生假得《越缦丛稿》哀录，又据日记所记，刺诸他书，以及征求所得，编为是书。"李氏所作之文，是书约得其十之七八。然"尚有《李氏辛酉殉义传书后》《七十二候表考》《金人避讳考》《诗四始说》《交趾交州名始考》《翁叔平师六十寿序》等数十篇今俱未见，继访所得，再为续集。"此前所出文集多不齐全，是书一出，之后数十年未见有文集之编。1975 年文海出版社据此铅印本影印，收入《近代中国史料丛刊续编》第十七辑。

越缦堂时文书札一卷

时文是指科举考试的八股文。李慈铭对时文之作深恶痛绝，认为"时文小道，应试之作，尤不足言"①，甚至提出"吾故以为国运之忧而时文之在所必废也"②。由于时文是科举考试的敲门砖，因此李慈铭不仅需要作时文，甚至还必须精于此道。

此清宣统三年（1911）铅印本，前有介竹氏、赵士琛"弁言"，收录时文六篇，其中有两篇作于癸亥（同治二年，1863），四篇作于丙子（光绪二年，1876）；后影印手稿二叶，并附俞樾、言有章、凌师皋、言敦源、江标等人应制文。

介竹氏在"弁言"中对此书刊印过程叙述甚详："甲午，謇博曾出所存莼客先生越缦堂时文示余，盖越缦发科迟，成进士后，以授其老友千和学博，千和以收其嗣子璬，璬以授其妇兄仲远，余受而读之……今科举停而校舍立，予陈人也，旧习未忘，重温故梦，爰取越缦先生时文付印，凡自记与眉批均仍其旧，附以与謇博往来墨迹，更以当时传诵八比钞存者殿焉。"文中提到的"謇博"是指言有章，曾执业于李慈铭，就读天津问津学堂。

越缦山房丛稿不分卷

钞本，一册，上海图书馆藏。是书收录李氏文稿三十五篇，其中书札十七篇，另有书后、碑、记、赞、寿序、神道碑、墓志铭、传等十八篇。上述内容多已刊印于《越缦堂日记》中。湖南著名藏书家叶德辉旧藏。

---

① 《日记》，第 2948 页。
② 《日记》，第 4118 页。

六、词曲

霞川花隐词二卷

清光绪十九年（1893）渭南县署刻《二家词钞》本。该书卷一第十二首词后有李慈铭同治二年（1863）识语，言及作词经历："右词十二首，皆已入《松下集》。予自庚戌秋赋菩萨蛮十余阕，多拟花间，为作词之始。癸丑、甲寅间喜填拗调，宫商僻涩，诵之凄哽。至乙卯冬，刚定得百余首，亡友布衣陈闲谷为草写成帙，更欲觅佳手，写以登木，匆匆未果。"① 越缦填词始于道光三十年（1850），其早期诗词集有名《松下集》，又有名《越缦堂壬癸诗词集》者②。"霞川花隐词"作为词集始见于同治二年十月二十一日日记："作书致子莼、莲舟昆仲，以《萝庵游赏小志》《霞川花隐词》及郭祥伯三种、《沈补堂诗文集》寄阅。"③ 同治四年四月初一日，李慈铭料检平日所作词，得一百一首，拟付之梨枣④。二十三日，得潘祖荫书，谋划刊刻《霞川花隐词》⑤。不过此事最后不了了之。同治十一年六月初三日，"集录乙丑（同治四年）以后词，共得二十三首，删去二首"⑥。至七月十二日统计，得词一百三十阕，"皆弃余之敝帚、劫后之星灰，删之又删，信而未信，藏之石室，以待后人而已"⑦。

① 李慈铭:《霞川花隐词》，清光绪十九年（1893）渭南县署刻《二家词钞》本。
② 《日记》，第 55 页。
③ 《日记》，第 2547 页。
④ 《日记》，第 3259 页。
⑤ 《日记》，第 3282 页。
⑥ 《日记》，第 5417—5418 页。
⑦ 《日记》，第 5441 页。

此书由越缦弟子樊增祥主持刊刻，据《序》载："（李慈铭）词则辛未以前手钞成帙，自后所作散见日记中，羖夫京卿录为一册，先生并手稿授之，曰：吾词尽于是矣。先生殁四年，余再入都，羖夫以词钞授余，俾付手民，迟至今日，始果此缘。"

1937 年上海开明书店出版《清名家词》，收入《霞川花隐词》，即据上述版本排印，美中不足之处是将最后李氏题记删除，即"频年老病，兼以人事胶扰纷纭，不倚声者四五年矣。技蜇为此，亦自笑也。越缦老人"。

1940 年中华书局出版铅印本《霞川花隐词》，除据刻本排印外，又附有吴汝霖《霞川花隐词补》一卷。书末吴氏识语言道："兹以《越缦堂日记》及《日记补》斟校，尚有词四十四阕为此本所无者，因补缀于后，以成全璧。"

越缦堂词录二卷

由云龙校订，1931 年上海商务印书馆铅印本，初版。此书全据光绪本《霞川花隐词》排印，遗憾之处是将樊增祥《序》删去。后有 1935 年商务印书馆再版以及 1974 年商务印书馆影印《人人文库》本。

桃花圣解盦乐府二种

李慈铭于万花中独喜桃花，并取苏轼"若见桃花生圣解"之语命其室为"桃花圣解盦"，命其日记为《桃花圣解盦日记》。此《乐府》之名即得自此。咸丰间，李慈铭困顿京师，终日读书之外，闲来无事，戏作乐府，聊以度日。咸丰十年七月二十二日，"终日填《舟觎》传奇乐府，彻夜而成，演唐小说所载支纯父施弄珠事也。支以越人为浙东观察使，不知在唐何时，吾郡历代图志中亦无其人，或系影托之说。予喜其事，附而成之。其词虽不及《临川四梦》，拟之《桃花扇》中访翠题画差可比肩。"① 咸丰十一年九月二十六日，"予素爱唐裴仙先事，谓真奇男子也。尔日极无聊，拟演其事为乐府……去年欲编裴宽遇张建封事，为树下乐传奇，久之未作。夏间又拟编马周、韦皋二人事，皆以小枝不足弊精神而止。然穷途困顿，消遣为难，借此狡猾以自振省。经史之暇，偶一为之，亦未为不可。今拟举裴仙先、马周、韦皋及王仙客、刘无双事，次其事迹，分其出目，为乐府四种。……予去秋曾编东汉李燮事为《酒隐□》，唐张睢阳事为《睢阳曲》，已撰定出目，排比角色。叔昀又属约演唐武宗、王才人事，皆院本中绝好文字。……拟画今年之内三人（另：叔子、珊士）每日分撰二出，次第成之……至树下乐仅一出，入予乐府零种可矣。"② 然最终成书者仅《舟觐》《秋梦》二种。光绪间，萧山钟骏文刊刻《新缀白裘》，其中一种即为《桃花圣解盦乐府》③，内收《舟觐》与《秋梦》。是书始得刊印。

七、其他

唐代官制杂钞一卷

稿本，中国科学院国家科学图书馆藏《越缦堂杂著》之一。以正史为据，概述唐代官制的特点，共计二十六条：唐员外官制、唐柱国开府仪同三司光禄大夫制、唐归崇敬议改国学及取士制、唐官职轻重制、唐

---

① 《日记》，第 1445—1446 页。
② 《日记》，第 1957—1959 页。
③ 南京图书馆藏有《新缀白裘》二册，国图藏有《桃花圣解盦乐府》，一册，当是前者之一册。钟骏文生于同治四年（1865），浙江萧山人，笔名寅半生，民国时期著名小说理论家。

立戟制、唐进士及第者谒先师、唐大臣薨辍朝制、唐天子可奏书依字、唐天子生日制、唐武成王庙制、唐东都留守及近畿刺史赐旗甲制、唐仆射上日制、唐御史官避道制、唐御史中丞及三院御史朝长制、唐省官避亲嫌制、唐御史大夫入乡制、唐宰相分领诸部制、唐群臣绫袍金玉带、唐中叶以后考课制、唐祀五人帝制、唐永泰以后释奠孔子制、唐宰相中书门下先后制、唐集贤院官及史馆员制、唐太常博士专掌礼院不属太常卿、唐谏官避亲嫌制、唐内职避亲嫌制（有目无文）等。

国朝儒林经籍小志一卷

稿本，中国科学院国家科学图书馆藏《越缦堂杂著》之一。王重民《李越缦著述考》、漆永祥《江藩与〈汉学师承记〉研究》都将之归入未见传本之列①。

前有李慈铭识语，对该书编选缘由、体例等言之甚详："说经之学，国朝最盛，有汉唐所不及者。此所记皆汉儒之学，其著书满家而无当古义者，如桐城方侍郎苞、安溪李秀才光坡、光山胡文良煦、嘉善陆清献陇其、高安朱文端轼、桐城姚郎中鼐皆在所屏。虽以安溪相国李文贞之遍述六经，一时称名儒名臣者，亦不及也。而歙程编修晋芳、大兴翁学士方纲，虽各名古学，出入无主，编修至诋《说文》尤不可训，概从删削。至于应氏㧑谦、姚氏际恒、王氏夫之、焦氏袁熹、程氏廷祚皆富有撰述，多可取裁，而学无家法，自出新意，存备石渠之藏，未容经师之席。凡兹等类，宁略无详。若夫吾越黄梨洲氏，实开我朝古学之先，然梨洲为

---

① 漆永祥：《江藩与〈汉学师承记〉研究》，上海：上海古籍出版社2006年版，第343页。王文与漆书皆言《国朝儒林小志》，与此《国朝儒林经籍小志》略有出入，不过笔者以为其实两者是指同一书。

明遗臣，其书亦未专研训诂，故以昆山顾氏始。昆山虽以胜国遗老自命，而南渡授司务，唐藩拜职方，皆未尝赴。考正经注之学又自先生始，不可不以为冠云。"

咸丰十年（1860），李慈铭即着手辑录《国朝儒林小志》一书，只是因为没有得到江藩《汉学师承记》、阮元《儒林传稿》，只好作罢。同治元年（1862）二月，李慈铭再次开始编辑《国朝儒林小志》，并且"以吾乡黄氏宗羲始"。为何以黄氏始呢？李慈铭解释道："黄氏虽明臣，然开国朝之学，又卒于康熙中，故以为始也。"[①] 同治三年（1864）二月，李慈铭再次纂辑《国朝儒林小志》，草创稍有头绪[②]。应该说，此时该书基本成形。

全书收录清代汉学家共计 146 人，起顾炎武，迄丁晏；其中李尧栋、刘凤诰、叶志诜等三人删除，汪士铎、王谟、孙经世、翁方纲等四人有目无文。

越中先贤祠目

清光绪十一年刻本。内容包括李慈铭序、入祀条例、祠位目。明季京师虎坊桥有稽山会馆，清康熙十九年改为浙绍乡祠。光绪十一年三月，主持乡祠馆务者太仆寺少卿钟佩贤因病南归，遂以馆务委之李慈铭。李慈铭见乡祠破败，断壁残垣，杂草丛生，于是与同好重修乡祠，并改名为越中先贤祠。李慈铭拟定入祀条例和祠位目[③]。祠堂于当年十一月四日重建竣工。李慈铭撰有《乙酉仲冬四日都门新建越中先贤祠落成释奠合

---

① 《日记》，第 2097 页。
② 《日记》，第 2732 页。
③ 《日记》中记载此事，可以参考第 10858、10925、10927、10929、10941、11007 等页。

乐赋诗纪事》诗二首。此书又有民国十年影印本，后收入《中国祠墓志丛刊》（广陵书社 2004 年）、《绍兴丛书》（中华书局 2009 年）等书中。

　　萝庵游赏小志一卷

　　是书采用日记体裁，记载道光二十年至咸丰九年（1840—1859）乡居时所游历之景色（以绍兴、杭州为主）。因何以"萝庵"命名，《自序》中对此有解释："柯山下俯鉴湖，湖之南有山特起，高与柯等，而土沃多桃李，广长俱不及半里，特深秀浓致。山半有石垒起，人凿级为路，且山之腹而坳焉，有僧寺临其上，则萝庵焉。"咸丰四年，李慈铭在萝庵黄叶院养病，得以尽赏山中之美景。因此便以"萝庵"命名该书。

　　《萝庵游赏小志》的成书时间，《自序》中说："同治壬戌客居京师，涕泪幽忧，中间取昔来游赏之事一一志之"，此书于同治元年（1862）即已动笔撰写，不过其完成在何时呢？同治二年（1863）八月十八日《日记》载："终日撰集《萝庵游赏小志》，入晚疲极，近来不堪用心如此。"[1] 十月初九日，此书已经完稿，"得理庵舍人书，并还《萝庵游记》新旧各一本，已为对勘讫，可感也"[2]。不久，李慈铭又将此书交潘祖荫祈请指正。

　　《萝庵游赏小志》多以钞本流传[3]，直至光绪三十四年至宣统三年间（1908—1911）方才收入《晨风阁丛书》，铅印出版，流传渐广。民国间又收入上海进步书局石印本《笔记小说大观》中，影响更大。

　　中国科学院国家科学图书馆藏稿本《越缦堂杂著》中内有《萝庵游赏小志》一种，书衣题"同治元年越缦生自题于都城宣南寓舍"，此可

---

[1] 《日记》，第 2433 页。
[2] 《日记》，第 2515 页。
[3] 国图藏钞本一部，系 1938 年王荫泰先生所赠。

证该书的撰写年代。稿本内容并不完整，只到咸丰六年（1856）十一月十八日，以后付阙。

越缦堂笔记

稿本，上海图书馆藏。所用纸版心镌"松竹斋"字样，钤"慈铭私印""会稽李氏越缦堂鉴藏金石书画印"等印。审其字迹以及钤印，为李氏稿本无疑。内容包括"阅钱竹汀《廿二史考异》""阅袁正肃甫《蒙斋集》""读《后汉书》札记二则""阅郝氏《春秋说略》"等等，多与莼客读书有关。又该册末有"此册起庚申三月十九日，讫辛酉正月二十六日，已校一过"题记一行，据此可知本册读书记内容摘录自咸丰十年至十一年（1860—1861）日记。

越缦堂笔记

钞本，国家图书馆藏。所用稿纸为绿格，版心印有"中国学报"字样。内容主要是钞录日记中有关书的文字，涉及的古籍有《五藩实录》《李养一先生文集》《筠廊偶笔》《野史》《明季北略》《瞿忠宣公集》《堵文忠公集》《寒支初集》等，核诸日记，起同治六年二月十四日，止同年六月初一日。全书共十八叶，最后二叶为"为琴来室合刻幽兰流水琴谱序"一文，系刘异所撰。钤"康心如藏书印"。康心如（1890—1969），四川绵阳人，民国初年曾创办《公民公报》，后常年主持四川美丰银行。

越缦堂笔记

1915年上海广益书局铅印本，《古今文艺丛书》第五集之一。内容以李慈铭读书记为主，第一条为"定海黄元同秀才以周《儆居杂著》两册，稿本未成"，载于同治六年（1867）八月初六日《日记》；最后一条为"得张问月书，以孔氏微波榭所刻《宋元宪国语音》及近人海州许月南孝廉桂林《春秋穀梁传时月日书法释例》见赠"，载于同治二年（1863）正月二十八日《日记》。可见该书的编排似乎并未严格按时间顺序。

越缦堂菊话

张次溪纂辑，1934 年双肇楼铅印本，《清代燕都梨园史料》之一。张次溪（1909—1968），号江裁，广东东莞人，积数年之功，辑录有关清代戏曲方面的著述五十余种，成《清代燕都梨园史料》一书，《越缦堂菊话》即为其中之一。

李慈铭爱好戏曲，居家时经常看戏，后来虽困顿京师，但此兴仍然不减。光绪以后，随着生活稍微宽裕，李氏时常与友人召伶人饮酒作乐。此在其日记中往往有记载，是研究晚清京城戏曲的重要资料。是书即辑录自 1920 年浙江公会影印本《越缦堂日记》，共三十条，起同治二年（1863）五月十四日，迄光绪十二年（1886）十二月初三日。此外，还辑录日记中与戏曲有关的文、诗、词等。

越缦堂诗话三卷

此书由浙江诸暨人蒋瑞藻编辑而成。蒋瑞藻（1891—1929），号花朝生，曾任浙江之江大学中文系教授。他十分推崇李慈铭，在《越缦堂诗话序》中认为"清季诗家以吾越李莼客先生为冠，《白话绛跗阁集》近百年来无与辈者"。1920 年，北京浙江公会影印出版了五十一册《越缦堂日记》。蒋瑞藻从中摘录李氏论诗之语，附注出处（包括册次、页码、日记时间等），编成上中下三卷。起同治二年四月二十三日，迄光绪十五年五月二十三日。卷下又分上下，卷下之下收录此前各种越缦日记节刊本、且未见载于五十一册日记中的诗话内容。《越缦堂诗话》所收内容虽有缺憾，可是辑录之功不可轻视。后人研究李氏诗学者，此不失为一部入门参考书。《越缦堂诗话》现存手稿一卷，藏于中山大学。是书初印于1921 年，后有 1925 年上海商务印书馆铅印初版本，第二年再版本以及1930 年铅印本等 ①。

李越缦杂著不分卷

钞本，国家图书馆藏。内容包括：《萝庵游赏小志》《霞川花隐词钞》《乐府外集》（舟观、秋梦）。书衣有墨笔题记："龙集光绪二十有四年九月霞庐主人志庚甫假傅氏钞本录竟署面。"钤"太原公子"印。此书为周作人旧藏，内有本人 1942 年题记一则，略加考证："《李越缦杂著》钞本一册，从杭州书店得来，定价二百元，折实为北京通行币四十五元也。署名'志庚'，又有'太原公子'印，当系王氏。卷首附有任秋田手札，察语气当是师弟关系。案任君遗稿'倚陀吟章啄其跋'中说及王君子余为昔日门下士，则志庚即王子余世裕无疑。王君关心越中文献，曾于绍兴报社印行《文献辑存书》一、二辑及《越中三不朽图赞》。此稿云从傅氏传录，或是节子原钞本欤。《乐府》有萧山钟氏刻本，《小志》仅有晨风楼铅字本，他日如有机缘，颇思重付剞劂，作为《一篑轩丛刻》之一也。民国壬午大寒后二日，知堂识于北京。"

越缦堂所著书不分卷

稿本，上海图书馆藏。全书共十四册，多有名人题记：第一册为《诗文稿》，有王积文、曹振采题端。第二册为《萝庵游赏小志》，孙豫题记

---

① 蒋寅：《清诗话考》，北京：中华书局 2005 年版，第 36 页。另该书记载国图藏有一部民国间钞本，笔者核之馆藏，索书号为 31811 的《越缦堂诗话稿》版本与此相同，当是蒋书所言民国钞本。不过该书内容多摘录诸家名句，似不是李氏诗话著作。

曰："是书为莼老追求少时记游之作，盖小品文也。坊间已有刻本，此其原稿耳。"第三册为《柯山漫录》卷六、七，即《穷愁录》卷六之一，末有唐风跋云："《柯山漫录》为李越缦侍御同治壬戌以前居乡作，《穷愁录》则壬戌以后在京师手稿也。此稿一卷，实萃经学、史学、小学、词章、考据学咸有之，且朝廷大赏罚、大典礼亦略见焉。命曰穷愁，则寓身世之感耳。"第四册为《越中先贤祠目序例》，末有唐风跋云："非经史义例烂熟于胸者不能作，非文字精严不苟于腕底者不敢作论，李氏著述洵足不祧于越中，此尤纯粹可称坚城。昔览日记，未睹全文也。前半为李氏所自书，若弗经意之中具见典型，后半则当时写生所缮，亦见光绪朝京师楷则，皆不可多得。"第五册为《李氏谱略》《六世祖安仁府君家传》《西郭李氏辛酉殉义诸人列传》《鲁燮元传》诸篇，多已见载于文集中。第六册为《越缦山房丛稿》，孙豫跋云："是书系先哲手稿，大半已刻入《越缦堂骈体文集》，内惟有《清大学士周文勤公神道碑》及《策问》三篇尚未付梓。"第七册为《越缦丛稿弃余》，第八、九册为《萝庵日钞》，第十册为《湖塘林馆骈体文》，第十一、十二册为《白华绛跗阁诗集》，第十三、四册为《越缦手稿真迹》，其中第十三册陈毅跋曰"本书以墓志铭、表等居太半，多为刻入集中"，第十四册孙步瀛跋云："是书为先哲李莼老散骈体文手稿……已刻入常熟曾之撰所编《越缦骈体文集》内。"综合上述诸人之说，此书大半内容已有刊行，但是亦有部分未经面世，故而可为越缦诗文辑佚之资。是书乃鲍尧臣得之越缦后人者。

第三节　存目著述述略

越缦所著诸书，生前刊刻寥寥，子嗣又未能世代保守，故流散四方，多有亡佚；又越缦所著诸书中，亦有仅筹划体例，而实际并未成书者。因此，笔者参考《越缦堂日记》等文献，辅以前人研究成果，辑录越缦存目著述，以备来日之访求。

说文举要

平步青所撰《掌山西道监察御史督理街道李君莼客传》中言李慈铭经学著作有《说文举要》。同治五年（1866）四月初八日《日记》载："治《说文》，以私意订正'臣惠良'三字原解，具所著《说文举要》中，兹不载。"[①] 又据王重民先生考证，该书仅有三数页，且后来可能更名为《说文偶得》[②]。

元代重儒考

咸丰十年（1860）六月十七日，李慈铭困居京师，始撰《元代重儒考》，至十八日"草草成一卷，复拟撰《杂缀》三卷，以旅中无书遂辍不作"[③]。

---

① 《日记》，第 3574 页。

② 王重民：《李越缦著述考》，《国立北平图书馆馆刊》第 6 卷第 5 号。

③ 《日记》，第 1386 页。

临朝备考录

咸丰十一年（1861），清文宗驾崩，其子载淳继位。由于皇帝年幼，故而大臣商请太后临朝听政。李慈铭翻检历代帝后临朝故事，选择汉代以来汉和熹、顺烈，晋康献，辽睿知、懿仁，宋章献、光献、宣仁等八名皇后，"略疏其事迹，其无贤称者亦附见焉，并为考定论次"①，"而痛论近日之事势有不得不行者"②。书成，李慈铭交与周叔子，怂恿周祖培上奏，不想之前董御史的相关奏折上去后遭到诘责，周祖培只好作罢。此书后未见传本。

古今南人宰相表

咸丰六年（1856），李慈铭编纂《崇正五十相考》，简要考证明崇祯十七年五十位首辅的生平、履职等。咸丰九年（1859）正月三十日，李慈铭拟撰《古今南人宰相表》，当与之前所编《崇正五十相考》有关。他在日记中谈到："予欲作《古今南人宰相表》一书，采自汉迄明，仿班氏古今人表，分九等，其入国朝者，不敢论定，亦班氏例也。"③随后他界定了"南人"的地域范围，指出楚地、彭城、沛、淮南、淮西等不属于南地，并简要列举了各朝代的入选人物，东汉有郑弘、朱儁，三国有顾雍、陆逊，唐有褚遂良、张九龄、陆象先、陆贽，宋有王钦若、丁谓、晏殊、杜衍、范仲淹父子等等。李慈铭对此书期望甚高："予辑是书，将欲以会得失之源，集法戒之益，其书倘成，不可谓非有用书也。"遗憾的是此书最终也未能成。

---

① 《日记》，第 1890 页。
② 《日记》，第 1970 页。
③ 《日记》，第 915 页。

军兴以来忠节小传

同治二年（1863）十二月，李慈铭在《致敖金甫书》中表示："弟又喜为文章，尝欲撰《军兴以来忠节小传》，而楚南产者居十之八九。"是否最终成书亦未可知。

正名二十篇

光绪十三年（1887）十一月，李慈铭在《复陈昼卿观察书》中提到："然生平所最注意者，《正名》二十篇，颇自负为内圣外王之学，足以继《明夷待访录》《日知录》而起，须俟身后始出之耳。"①

松下集

此为李慈铭早期词集，咸丰五年（1855）定稿："乙卯冬，尝删定为一编，名曰《松下集》。"②在早期日记中，我们还时常能看见有关词作收入《松下集》的记载，如咸丰四年（1854）三月十五日因见桃花净尽、绿叶成荫，有感而作《买陂塘》一阕，眉批云："此首已改换数语，录入《松下集》③；二十日与周季贶游蒋坦梁园，因倚《声声慢》作词一阕，眉批云："此首已录入《松下集》，多有改易"④；二十一日，原拟与友人同游金湖，因雨未能成行，赋《金缕曲》一首，眉批云："此首已录入《松下集》。"⑤可惜《松下集》毁于咸丰十一年（1861）战火，未能完整保存下来：

---

① 《越缦堂诗文集》，第 1149 页。
② 《越缦堂诗文集》，第 786 页。
③ 《日记》，第 15 页。
④ 《日记》，第 18 页。
⑤ 《日记》，第 19 页。

"至去年辛酉九月，粤贼陷绍而故里尽焚，家藏困学楼书万卷无一存者，所为《松下集》者亦已化焦土之一尘矣。"① 只有十三首后来保留在《霞川花隐词》中。

国朝骈俪说经文

同治十一年（1872）十二月初十日《日记》载："录邓嶰筼《诗双声叠均谱》序例及林月亭跋，以偶体之文为考据之学者，国朝诸儒为独步，盖自唐陆元服、宋郭忠恕后无能及之。予尝拟辑为一编，题曰《国朝骈俪说经文》，真希世之鸿宝也。"② 这段话言明李慈铭编辑该书的体例及范围，可惜未见成书。

① 《越缦堂诗文集》，第 787 页。
② 《日记》，第 5595 页。

第五章

李慈铭学术研究

　　《清儒学案》卷一百八十五立《越缦学案》，并概括了李慈铭的学术特点："越缦洞明三礼，尤精小学，博极群书，勤于考订，兼尊宋学，谓可以治心。生前为词章之名所掩，殁后遗书渐出，学者服其翔实，翕然称之。"这段话首先概括了李慈铭的学术特点汉宋兼采，其次指出李慈铭的所长，即三礼学、小学。由于生前为诗文所掩盖，没有多少人意识到他的学术成就。本章试图概述李慈铭学术思想，并举多不为人关注的谥法与方志研究，以略见其一二。

第一节　学术思想

同治二年（1863）八月，李慈铭在致桂文灿的信中谈及自己的治学经历道："弟之于学，少无所师，阙帏早孤，又生稍晚，吴越间经师已皆奄化。时之拥比设帐者，盖多不读注疏，捣昧之质，遂无自启。十五六后，喜为歌诗、骈文，昼夜殚精，以为至业。既渐渐得名，益复爱好。迨得读《学海堂经解》，始知经义中有宏深美奥、探索不穷如此者，遂稍稍读甲部书。"① 光绪十九年（1893）十一月，李慈铭在回顾平生治学历程时，曾感叹说："余少时甚钝，又多惑于俗学，人无良师友，耳目锢蔽，所见书籍大率时文讲章，不特弃古鼎而宝康瓠，舍人获而求桔梗也。"② 以上两段话指出：李慈铭早年亟亟于举业，后来方才喜欢经学，为汉学，逐渐转向学术研究；与其他学者不同的是，李慈铭治学并没有师承，完全是凭借自己的参悟以及友朋的影响。

李慈铭从事学术研究是从何时开始的呢？他曾言道："及二十五以后，更喜治经，为汉学。"③ 二十五岁约在咸丰三年。不过李慈铭又有另外一说："予自壬戌以后，颇喜经学，罕事文章。"④ 笔者以为后一说法更为确切，因为咸丰九年（1859）北上之前，李慈铭一直热心举业，无暇学术。

---

① 《越缦堂诗文集》，第 837 页。

② 《日记》，第 13540 页。

③ 《日记》，第 12334 页。

④ 《日记》，第 3639 页。

咸丰末、同治初年困顿京师之时，李慈铭方才研读经学之书，开始治学之路。同治初年他在给友人孙子九的信中说："弟自与二竖绝，渐觉道义稍充，学问稍实。三年以来，钻研汉唐之古义，沉酣子史之醰旨。"① 此后随着时间的推移，李慈铭的学术日益精进。

一、汉学观

第一，汉学之衰落

清代汉学初起于顺康，极盛于乾嘉，道光之后走向衰落。李慈铭对乾嘉汉学颇为推崇："盖考证之学国朝为最，国朝尤以乾嘉之间为盛。能读其书者，庶于经史无误文别字缪辞枝□，士生其后，可谓千载一时之幸。"② 道光之后汉学为什么会走向衰落呢？李慈铭从两个方面加以剖析：一是"道光中年以后，时事日亟，正坐无读书之人耳"③。二是学风的转变："嘉庆以后之为学者，知经之注疏不能遍观也，于是讲《尔雅》、讲《说文》；知史之正杂不能遍观也，于是讲金石、讲目录，志已偷矣。道光以后，其风逾下，《尔雅》《说文》不能读，而讲求宋版矣，金石、目录不能考而讲古器矣。"④ 汉学极盛时积累了丰富的著述，后世学者要想在前人基础上有所创新，首先必须继承前人的成果，可是变幻的时局与衰落的经济，学者们难以潜心读书，继承前人丰厚的遗产，只好转而追求汉学之细枝末叶。从学风的转变来探讨汉学衰落的原因，李慈铭此语颇有见

---

① 《越缦堂诗文集》，第 1294 页。
② 《日记》，第 1833—1834 页。
③ 《日记》，第 2674 页。
④ 《日记》，第 5540 页。

地。今人多以为道光以后汉学的繁琐考证不能适应新形势的变化是汉学走向衰落的重要原因。对于这一点，李慈铭不管看没看到，自然不会同意。

第二，汉学之地域

对于汉学发展的地域性，李慈铭曾说："国朝经学首推徽州、常州，次扬州及苏州，又次吾绍兴及宁波，而太仓州下嘉定一小县，其人物乃与常、歙相埒，尤为盛事。"① 此语指出清代江南之地汉学发展的地域特点，并对各地的水平有所排定，同时也暗含对北方汉学成就的否定。

第三，学者之境遇

清代中前期汉学由兴起而全盛，学者的境遇又当如何呢？李慈铭在《国朝儒林论》一文中对此有详细的剖析。

清初汉学初起时，"则亭林（顾炎武）以遗民终，潜邱（阎若璩）以布衣死，西河（毛奇龄）、竹垞（朱彝尊）老藉词赋，赞陪承明，旋即废退；东樵（胡渭）献书，仍沦草莽；玉林（臧琳）著述，不出里闬；吴江二长（朱长孺、陈长发），鄞江二万（万斯大、万斯同），青衿饰终，黄馘就木"②。这与治宋学之人的境遇形成天壤之别："二曲布衣（李颙），关中讲学，亲屈万乘，宠以大儒；潜庵（汤斌）、松阳（陆陇其），互标朱陆，生为羽翼，没邀俎豆；安溪（李光地）以其政事缘饰儒风，揣摩当宁，宗尚紫阳，位极鼎台，久枋国政；江阴（杨名时）、高安（朱轼）相为提挈，榕城继席，名位并隆；望溪（方苞）起于俘囚，久居讲幄；漳浦（蔡新）擢自闲废，遂为帝师。"

---

① 《日记》，第 1828—1829 页。
② 《越缦堂诗文集》，第 1262 页，下引该文不再注明。

乾隆之时，高宗重视经学，"荐书两上，鹤车四出"，"然得官者五人。顾、陈、吴、梁，仅拜虚秩，当涂耄生，特入史馆。"四库开馆之时，诚为清代汉学之大际会，"东原（戴震）既以兹通籍，南江（邵晋涵）复由此升庸"，除此两人外，"寂无征焉"。纪昀与阮元号称"最以儒术显用于时者"，不过纪昀"一生书馆，勤于其职，及拜协揆，逾旬而殂"，阮元"历官使相，未尝一日当国，皆不能剡扬素风，汲引同类"。

因此，不管是汉学初起之时，亦或是极盛之时，汉学学者都难以居庙堂之上，影响国策之制定，大多寂寂无闻，老死乡里。不过，"则诸君子之抱残守缺，断断缣素，不为利疚，不为势诎，是真先圣之功臣，晚世之志大夫。"这既是对前辈先贤的表彰，也是李慈铭的自勉。

第四，汉学之主张

光绪十二年（1886）十一月二十一日，李慈铭在评价魏源所编《经世文编》时说："盖魏氏未窥汉学涂轨，以为典物度数皆繁琐之事，声音训诂非义理之原，而不知一名物之沿讹有极害于政道，一音诂之失正有贻害于人心。学术不明，遂致叛经离道者。乾嘉以来，诸儒固有掇拾细碎，病其委曲繁重，无与大旨，而即一事一物推论精深，大义微言亦往往而在，所当分别观之也。"这段话点明了李慈铭的汉学主张，亦即循文字、音韵、训诂之途以见义理。李慈铭的这一思想与乾嘉汉学诸儒的主张一脉相承。在李慈铭的日记中，我们时常能够发现他博引群书，参以己见，对文字、音韵、训诂、官制以及名物等进行考证、辨析。这正是其汉学思想的体现。他甚至提出，"盖汉学之存于今者，苟有一字一句之异同，要当珍若拱璧也"[1]。

---

① 《日记》，第 1832 页。

二、宋学观

第一，宋学空疏

咸丰五年（1855）六月，李慈铭作《道听而途说德之弃也》，抨击明末空疏之学，并指出："我辈近日颇蹈明季社学之弊，心虽非之而不能绝，拈此亦以自警耳。"[1] 对王学展开批判。咸丰十年（1860），李慈铭仔细分析了宋学之弊：自宋仁宗规定科举中《易经》《诗经》以及《四书》用朱子注、《尚书》用蔡氏注起，"岂非空疏之学害人甚哉"[2]。于此李慈铭直截了当地指出："盖自南宋以后，儒者皆不喜实学而喜空言。"[3] 明清以来，沿用其弊，致使"士夫几无识字者，乃并《四书集注》亦复茫然。乾隆间，惠、戴、孙、王诸君子力昌汉学，思拯其弊，一时诵习郑贾之士彬彬辈出，未数十年终至澌灭。呜呼，儒生区区之力乌足以敌功令耶"[4]。李氏此语包含三层含义：其一，宋学空疏之弊端明清以来一直沿袭；其二，汉学之兴实欲拯其弊；其三，因宋学为官方所重，结果汉学衰落而宋学仍盛。

第二，朱子传承

李慈铭认为，传承周孔曾孟之道统者，朱子以前有汉儒授受，端绪不绝，"而郑康成氏集其成。" 传朱子之学，"宋则有黄直卿、黄东发、王厚斋，元则有金仁山、吴幼清，而有明一代则传周程之学，而传朱子者

---

[1]《日记》，第 234—237 页。

[2]《日记》，第 1423 页。

[3]《日记》，第 4129 页。

[4]《日记》，第 1424 页。

无一焉"①。及至清代，传承朱子之学者，"莫正于孝感（熊赐履），莫醇于平湖（陆陇其），莫大于安溪（李光地）"②。寥寥数语勾勒出朱子之学的传承。

第三，朱王无别

光绪十七年（1891）十月初六日，李慈铭阅读季本《诗说解颐》一书时，认为该书"其所征引者皆元元本本，细心考索，绝无景响之说。且为王门高弟，而服膺朱子，发明集传，申成其义，尤足征朱王之学本无异同，后人吠影吠声，自成纷扰耳"③。

第四，内圣外王

"内圣外王"语出《庄子·天下篇》，宋代以后，理学之士以此来解释儒学，进而成为理学之专有名词。李慈铭在光绪十三年（1887）十一月的《复陈昼卿观察书》中谈到自己著有一部著作《正名》二十篇，"颇自负为内圣外王之学。"说明此时李氏对理学已持接纳之态。

由批判王学而至"内圣外王"，反映了李慈铭对宋学观念的逐渐转变，开始对宋学、特别是理学中修身养性等成分持肯定之态，同时也认为宋学之中也有考据的运用。

三、公羊学观

李慈铭对公羊学的评价经历了一个由扬至抑的变化。咸丰十年

---

① 《日记》，第4129—4130页。
② 《日记》，第4536页。
③ 《日记》，第13025—13026页。

（1860），李慈铭认为孔广森所作《元武宗论》"复申公羊之义，其论甚美"①。咸丰十一年（1861）六月十六日，李慈铭读刘逢禄《刘礼部集》，称赞"其得失皆有家法，非同宋儒之逞臆妄断"，内中各文，"具见明体达用之学，固可谓通儒矣"②。第二天读庄述祖《珍艺宦文钞》，评价道："庄氏诸论难之文，皆考证邃密，确有本原"③；李慈铭甚至将常州经学置于清代经学之首，与徽州经学等观。随着从事经史之学的时间日久，李慈铭对公羊学的态度发生了转变。光绪七年（1881）四月，李慈铭读完魏源《古微堂外集》后，对其"掊击郑许，于乾嘉诸儒痛诋不遗余力，猖狂无忌"十分震怒，认为他"开口便错"，非圣无法，"病狂丧心，而所看之书不过十余部，所治之经不过三四种，较之为宋学者尚须守五子之语录、辨朱陆之异同，用力尤简，得名尤易"④。光绪十八年（1892）十一月初八日，李慈铭读武进庄有可《周官指掌》，指出"其文笔颇浩瀚，而多空言义理"，据此认为"武进庄氏周宦之学好谈经制而无真诣，其家法固如此也"⑤。

四、西学观

晚清之后，国门洞开，西方之物蜂拥而至，西方之学也再次传入。咸丰末年以后，清政府内部开始了一场学习西方以求自强自富的洋务运动。李慈铭思想趋于保守，对西方之技、之学一概嗤之以鼻，对凡与西

---

① 《日记》，第 1379 页。
② 《日记》，第 1826 页。
③ 《日记》，第 1828 页。
④ 《日记》，第 8999—9001 页。
⑤ 《日记》，第 13272—13273 页。

方有关的人物、机构一概排斥：对于总理衙门的开设，李慈铭认为不合体制，"宜以理藩院兼辖，而添设侍郎一人，以恭邸总理之，不宜别立司署"①；对于同文馆的开设，李慈铭认为："则以中华之儒臣而为丑夷之学子，稍有人心宜不肯就。"② 郭嵩焘在《使西纪程》中详细记载了自己出使西方的所见所闻，李慈铭对其中所言西方"政教修明，具有本末""以智力胜垂二千年"等语颇不以为是，极力贬斥郭嵩焘为"下流所归，几不忍闻"③。光绪十年（1884）闰五月，国子监司业潘衍桐上疏请求特开艺学以储备洋务人才，李慈铭认为，"其言皆绝荒诞，衍桐南海人，盖西洋所移也"④。光绪十一年（1885）总理衙门讨论设海部尚书、开铁路、设大银行三事，李慈铭不信此能强国，对于最终否定此事的慈禧、崇绮，李慈铭认为前者"固圣人"，后者"亦贤大臣"⑤。看到西方诸国君后的照片，李慈铭斥为"真魑魅毕见也"⑥。李慈铭对西方之技、之学的态度，是当时保守人士的代表思想。

通过上述分析，我们可以用一句话概括李慈铭的学术思想：尊崇汉学，兼采宋学（主要是道德方面），排斥西学。

---

① 《日记》，第 3821 页。
② 《日记》，第 3821 页。
③ 《日记》，第 7455 页。
④ 《日记》，第 10343 页。
⑤ 《日记》，第 10874 页。
⑥ 《日记》，第 11608 页。

第二节 谥法研究

谥法属于传统儒家的礼制范畴，产生于西周以后①。李慈铭十分关注谥法研究，光绪二年（1876），他在回忆自己研究谥法的过程时谈到："予尝谓谥者史之大事，自十岁读《左传》，即喜考古人谥，辑自周至明为一小册，出入裹袭之。今老矣，犹惓惓不置，而历史纪载率多疏略，国朝诸儒惟全氏祖望、钱氏大昕皆究极此事，与予有同心耳。"②自少及老，李慈铭都始终从事谥法研究，或辑录、或考证，孜孜以求，从而取得可喜的成就。举其大者约有下列三项：

一、谥法研究

李慈铭对汉以来谥法用字数量进行了分析、总结，认为"汉以来谥以两字者为重"，东汉时得两字者仅四人，"晋世两字者稍多，然亦有东渡后用以待重臣贵戚"，"唐代两字谥渐众，然亦比单谥为难得"，"赵宋单谥颇仅见，然最重者曰忠献"，及至朱熹定为单谥后，"人遂相沿，以一字为重耳"③。

---

① 汪受宽：《谥法研究》，上海：上海古籍出版社1995年版，第7页。
② 《日记》，第6833页。
③ 《日记》，第592—600页。

李慈铭又指出"未成君多不加谥"号，如汉之惠帝两少帝、东汉则北乡侯等等①。

李慈铭认为《周书谥法解》及《史记正义》所载谥法颇有不可信之处，如"靖民则法曰皇"等应为爵号之称，"何得云谥"②。

二、谥号辨证

何中湘之谥，明史诸书或作忠烈，或作文烈，李慈铭据其殉于南明之行事，确证应为忠烈③。

堵允锡之谥，《明史》本传及王鸿绪《明史稿》皆作"文忠"，李慈铭据当时人所作墓表及家传，认为应谥为"文襄"，"是盖正史之误矣"④。

秦、汉皆亡于子婴，两人皆有谥号，究竟是谁给的呢？李慈铭认为："此盖出于当日遗臣所为也。"⑤

光绪十四年（1888）十二月初八日，李慈铭校阅《挥麈录》，认为其中所载谥法多有错误⑥。

三、谥号辑录

同治二年（1863），李慈铭从友人处借得国史馆谥法档，从中校补国

---

① 《日记》，第 1851—1853 页。
② 《日记》，第 1864—1865 页。
③ 《日记》，第 3790—3791 页。
④ 《日记》，第 3793—3794 页。
⑤ 《日记》，第 6843—6844 页。
⑥ 《日记》，第 11941 页。

朝谥法。后来，他又钞录同治八年（1869）以来文武诸臣赐谥，以补鲍康《皇朝谥法考》的遗漏。此外，他还辑录了明清人谥号，著有《明臣谥录》《皇朝追赐明臣谥录》《国朝王公贝勒贝子将军谥》《国朝文臣谥录》《国朝武臣谥录》等数种。这些对于明清谥法研究颇有帮助。

第三节　方志研究

　　方志乃一方之史书，是记载一地政治、经济、文化、社会、地理等诸方面的综合性著述。"方志"一词最早出现在《周礼》，宋代时期已经正式成型，而至清乾隆章学诚时，方志学方才成立[①]。清代十分重视方志的纂修，曾经出现两个纂修高潮，一是康乾时期，一是同光时期。李慈铭接触地方志较晚，咸丰以后才开始正式接触方志，阅读、点评志书。综其一生，虽无修志实践，但是李慈铭的方志思想却颇有称道之处。

　　同治六年（1867），宗稷辰拟修府志和县志，李慈铭得与其事："丁卯之岁，涤老欲以府志及山、会两县志并举，涤老自任府志，以山阴志属碣翁。碣翁转以属弟。涤老因告署，郡事李太守来请，而涤老旋病，事遂不果。"[②]虽然最终未能编纂出一部志书，但是经此一事，李慈铭开始关注方志，并考虑如何编纂志书。同治十一年（1872）八月二十六日，"夜再作书致蓝洲，以浙抚有修省志之议，来询条例大略也"[③]。这说明其时李慈铭的方志思想已经得到大家的肯定。光绪三年（1877）六月二十一日，顺天府尹彭祖贤来访，"为近议修《顺天府志》也"，"以大兴陈主事某所拟凡例总目一册属阅"[④]，并且拟聘请李慈铭出任总纂之职。两天后，彭又

---

① 黄苇：《中国地方志词典》"方志"条，合肥：黄山书社1986年版，第372—373页。
② 《越缦堂诗文集》，第829页。
③ 《日记》，第5488页。
④ 《日记》，第7460页。

遣人送来《畿辅通志》《乾道临安志》以为参考。李慈铭最终没有答应此事，他解释了其中的缘由："余以修志事既匪易，而经费又甚绌，且余名为总纂，而共事者有一无知识之大兴陈某、狂谬自衔之同年生潘某，分纂者有终日淫昏之杭人姚某、著名轻妄之粤人张某，又总纂之上有监纂者，故按察谢膺禧等五人，意不得行，肘且多掣。"① 两次修志，因种种原因，李慈铭皆失之交臂。

　　李慈铭的祖、父是否藏有方志现已不得而知，不过李慈铭的志书收藏起始较晚，同治二年（1863）六月十四日，方才见其购买一部乾隆刻本《武功县志》②。其后略有收藏：同治四年（1865）八月初三日购得《山阴县志》一部③，七年（1868）二月二十八日购得《绍兴府志》一部④，光绪二年（1876）二月二十三日贵州路朝霖赠《登封县志》一部⑤，十年（1884）闰五月二十二日，袁昶赠杭州丁氏新刻《乾道临安志》一部⑥，十二年（1886）三月二十日，杨泰亨赠宁波新刻《宋元四明六志》⑦，六月初八日，得赵铭寄来《汾州府志》⑧，十四年（1888）二月初七日，岑春荣赠《盛京通志》一部⑨，十五年（1889）十二月十七日蔡松甫赠《新安志》一部⑩，十六年（1890）闰二月二十三日以十七金购得《景定建康志》⑪，

①　《日记》，第 7462 页。
②　《日记》，第 2521 页。
③　《日记》，第 3375 页。
④　《日记》，第 3989 页。
⑤　《日记》，第 6883 页。
⑥　《日记》，第 10344 页。
⑦　《日记》，第 11047 页。
⑧　《日记》，第 11114 页。
⑨　《日记》，第 11683 页。
⑩　《日记》，第 12309 页。
⑪　《日记》，第 12408 页。

十七年（1891）六月二十日宗文宿赠新修《寿州志》一部①，十九年（1893）四月初一日羊复礼赠《镇安府志》一部②。综其方志所藏不过十余部，且多为友人赠送。

通过《越缦堂读书记》有关方志的分析，笔者认为李慈铭读方志的时间主要集中在同治六年（1867）前后、光绪三年（1877）、光绪九年（1883）之后三个时段。前两个时段与上述拟参与方志纂修有关。后一个时段的原因可能是友人所赠方志多集中在此时。

李慈铭没有纂修一部方志，也没有撰写方志专著，其方志思想散见于读书记以及《复陈昼卿观察书》《拟修郡县志略例八则》二文中。特别是《拟修郡县志略例八则》，集中体现了李慈铭的方志思想。《复陈昼卿观察书》与《拟修郡县志略例八则》的撰写时间，《越缦堂诗文集》中并没有指明，核之日记，笔者确定二文都撰写于光绪九年（1883）③。也就是说，在光绪九年，李慈铭的方志思想基本形成。归纳李慈铭的方志思想，主要体现在以下四个方面。

一、编纂人员

编纂方志犹如写史，并非任何人皆可胜任。那么，什么样的人才符

---

① 《日记》，第 12922 页。

② 《日记》，第 13397 页。

③ 《日记》光绪九年七月二十四载："作复沈晓湖龙泉学舍书，亦八百余言，并录拟修绍兴府志略例八条寄之。"（第 9981 页）二十五日："撰越志略例，于山水、先贤两条言之甚详。"（第 9983 页）说明在七月前后《略例》已经成文并略作修改。八月初三日，"作复陈昼卿书，与论修志之难及吾乡风俗之敝，凡数千言。"（第 9992 页）《越缦堂诗文集》第 827—831 页所收《复陈昼卿观察书》无论是内容还是篇幅，皆与此相符，故定此通书札写于光绪九年八月初三日。下引此两篇之文字，不再另注明。

合要求呢？章学诚主张应具备"史德""史识""史笔"。李慈铭也有类似的考虑。陈锦（字昼卿）曾向李慈铭推荐胡、徐二人。李慈铭认为，"然两君者皆不过任校对稽发之事耳。""尝思乡人可与论此事者，平景荪、傅节子以礼皆精于考据，而文笔非所长。景荪闭门，节子远宦。次则陶子缜、孙子宜、王子献，皆份份著作之才。子缜、子宜专于经学、词宗，子献视二君稍逊，然文章尔雅，勤力于学，以任采纂有余裕矣。"李慈铭主张方志编纂人员应该学有专长，精于考证，并且具有"著作之才"。此外，还有一个重要的条件，那就是人品："人品一堕，万事瓦裂，所谓皮之不存，毛将焉附者也。"①

二、方志体例

李慈铭批评徐元梅所纂《嘉庆山阴县志》以土地、人民、政事为纲，认为"既非志体，区别又多混淆"②。因此，他提出绍兴郡县志应该包括以下八个方面的内容："越中山水志""越中城防志""越中经籍志""越中金石志""越中海防志""越中科第表""越中职官表""山会两邑先贤志"。这八方面的内容在继承前贤志书的同时，也体现了李慈铭自己的创新。

首先，李慈铭主张设立纲目应该以内容来确定，不能机械地照搬以往的做法，追求完备。他批评羊复礼的《镇安府志》，认为："如选举表、胜迹志、人物志、艺文志，而进士仅同治癸亥谭子中、光绪庚寅黄天怀二人，胜迹无一地可纪，人物、艺文无一人一篇足录，惟其中死难及百

---

① 《越缦堂诗文集》，第 830 页。
② 《日记》，第 4292 页。

岁之寿民、守节之列女，可并进士、举人等，以人物一卷括之。"①"海防"此前皆附于"武备"之后。晚清以后，外国军队主要从海路侵入中国，因此海防的战略意义特别突出，尤其是对于绍兴临海之地。于是李慈铭将"海防"单列一志，重点阐述。

其次，与此前志书相同的纲目，内容略有不同。一般方志都会设立"经籍志"一门以记载一地的著述概况。李慈铭主张不能仅仅简单著录书名、卷数，而应该采用《崇文总目》《四库提要》的体例，"稽其存佚，详纪卷数，并略载书中大恉。"在"金石志"中，李慈铭强调，"自唐以前全载其文，五代以还非关系文献者，惟载搜捕天地所一。"

三、人物入选与纂写

李慈铭认为人物是方志中的重要内容："盖志以此为最要，且最难也。"在人物的入选方面，李慈铭强调人物的品行，无品行之人，即使官职再高，影响再大，也不能入传。这是越地先辈严肃清议的传统。在人物纂写上，李慈铭反对将人物分成各个门类来写，主张采用附传的办法将相关人员附于其下："列传之不分门类，固善而事之，宜类叙人之宜附见者，须总立一传以括之方免凌乱断滥之病。"②在人物纂写方面，李慈铭对李亨特《嘉庆山阴县志》中的人物部分评价不高，认为存在四方面的问题："义例不明""纪载无法""去取失当""考覈多疏"。由此可知其对人物纂写的要求。

---

① 《日记》，第 13397—13398 页。
② 李慈铭：《山阴县志校记》，载《中国地方志集成·浙江府县志辑》第 37 册，上海：上海书店 1993 年影印本，第 911 页下栏。

四、评判标准

一部志书关乎一地之历史，一旦编纂成书，授之梨枣，则将流传成百上千年，广为人知，故而志书的编纂应该是慎之又慎之事。李慈铭主张不修则已，如果修则一定纂写成一部佳志："修之而不善，是非倒置，真伪杂糅，等之秽史，则不如不修之为愈也。"李慈铭评价《景定建康志》"条理精详，考证、叙次简洁有要"①，认为罗端良所撰《新安志》"体裁峻整，考据精密，文笔亦修洁有法，洵佳志也"②，称赞《咸淳临安志》"此书不特考证精密，其体例、详瞻最为有法"③。从李慈铭的评语来分析，他所谓的佳志的评判标准主要包含以下三方面的内容：编纂体例是否完备、考证是否准确、叙述是否简要。

从上述诸方面的考察，笔者认为，李慈铭虽然没有丰富的编志实践，但是他勤于阅读其他志书，善于采其精华，故而形成了自己丰富的方志思想。此思想上承乾嘉汉学思想，以汉学为特点，注重方志的准确与完备。同时，也在某些内容上有所创新，从而反映晚清社会生活的新变化。

田欣欣认为"不名一家，不专一代"是李慈铭诗学思想的内容之一④。此点与其学术思想亦有相通之处。李慈铭为学无师承，不用亟亟限于一家之学。他远承乾嘉考据学之质朴学风，主张循文字音韵训诂以求义理，从事经史之考证与研究。他抵制西学，排斥西方之技，是晚清保守学者的典型人物之一。

---

① 《日记》，第 12403 页。
② 《日记》，第 12499 页。
③ 《日记》，第 12760 页。
④ 田欣欣：《李慈铭诗文简论》，天津：天津古籍出版社 2003 年版，第 16 页。

结　语

　　纵观李慈铭一生，他的科途蹇涩，虽捐纳为官，但是自己又不喜琐事，自命清高，不善奉承，好臧否人物，因而仕途阻滞不前。所以，他将自己大部分精力放在读书、藏书、著述之上。

　　李慈铭学无所守，亦无师承，主要依靠自己的日常读书和友朋的交往，得以参透学术，平时读书所得、所想、所思或撰写于日记中，或批注在古籍上。于此可见其学术成就。然生前多为其诗名所累，故对其学术成就关注较少。

　　晚清时期，不论是社会还是学术，都处于新旧碰撞、交融时期。李慈铭是传统保守人士的代表之一。他在思想上十分保守，对西方之学一概嗤之以鼻；在学术上主张汉学，兼采宋学，反映了晚清汉宋相融的气象。

　　晚清与李慈铭经历、思想相似的士人数量不在少数，通过对李慈铭的分析，我们可以把握当时一批李慈铭式的人士，了解他们的生活状况，进而理解晚清之时纷繁复杂的社会与学术状态。

参考文献

一、李慈铭著述

（一）稿钞本

《越缦经说》，稿本，国图藏。

《越缦堂诗词稿》不分卷，稿本，国图藏。

《越缦堂杂著》，稿本，中国科学院国家科学图书馆藏。

《越缦堂日记》，稿本，清咸丰四年至同治二年（1854—1863），上图藏。

《癸巳琐院旬日记》一卷，清光绪十九年（1893）稿本，上图藏。

《越缦堂笔记》，稿本，上图藏。

《越缦堂所著书》不分卷，稿本，上图藏。

《越缦堂日记钞》，清同治三年（1864）平步青朱格钞本，国图藏。

《越缦堂日记钞》，清钞本，国图藏。

《李越缦杂著不分卷》，钞本，国图藏。

《越缦堂日记节钞》，清末民初绿丝栏钞本，国图藏。

《越缦笔记》，清末民初王弢夫钞本，国图藏。

《李越缦先生杂著》，清光绪二十四年（1898）钞本，国图藏。

《白华绛跗阁诗续》，清末民初钞本，国图藏。

《越缦堂诗后集》十卷，1921 年孙雄朱丝栏钞本。国图藏。

《越缦堂杏花香雪斋诗钞》九卷，钞本，国图藏。

《杏花香雪斋集》十卷，钞本，上图藏。

《越缦山房丛稿》不分卷，钞本，上图藏。

（二）刊本

《湖塘林馆骈体文钞》二卷，清光绪十年（1884）刻本。

《越中先贤祠目》，清光绪十一年（1885）刻本。

《白华绛柎阁诗集》十卷，清光绪十六年（1890）刻本

《霞川花隐词》二卷，清光绪十九年（1893）渭南县署刻本。

《萝庵游赏小志》，清光绪三十四年至清宣统三年（1908—1911）铅印本。

《越缦堂骈体文》四卷《散体文》一卷，清光绪刻本。

《桃花圣解盦乐府》二种，清光绪崇实斋刻本。

《越缦堂日记》一卷，清宣统二至三年（1910—1911）绍兴公报社铅印本。

《越缦堂时文书札》，清宣统三年（1911）铅印本。

《越缦堂文钞》，民国初年铅印本。

《越缦堂读史札记》十一种，王重民辑，民国国立北平图书馆铅印本。

《越缦堂日记钞》，1912—1914 年上海国粹学报社铅印本。

《越缦堂笔记》，1915 年上海广益书局铅印本。

《杏花香雪斋集》八卷，1917 年越铎日报铅印本

《越缦堂日记》，1920 年北京浙江公会影印本。

《越缦堂诗话》三卷，蒋瑞藻编，1925 年商务印书馆铅印本。

《乾隆绍兴府志校记》，1929 年铅印本。

《山阴县志校记》，1930 年铅印本。

《越缦堂文集》十二卷，1930 年国立北平图书馆铅印本。

《越缦堂诗初集》十卷，1931 年上海商务印书馆铅印本。

《日记之模范》，余慕之辑，1933 年影印本。

《越缦堂詹詹录》，李文紃辑，1933 年铅印本。

《越缦堂诗续集》十卷，1933 年商务印书馆铅印本。

《越缦堂菊话》，1934 年双肇楼铅印本。

《越缦堂词录》，1935 年商务印书馆铅印本。

《越缦堂日记补》，1936 年上海商务印书馆影印本。

《越缦堂东都事略札记》，许国霖辑，1936 年北平图书馆铅印本。

《杏花香雪斋诗》十卷补一卷，1939 年上海中华书局铅印本。

《越缦堂读书记》，由云龙辑，1963 年中华书局铅印本。

《越缦堂国事日记》，吴语亭编注，1978 年文海出版社影印本。

《越缦堂读书简端记》，王利器纂辑，1980 年天津人民出版社铅印本。

《荀学斋日记》，1988 年北京燕山出版社影印本。

《越缦堂读书简端记续编》，王利器纂辑，1993 年天津古籍出版社铅印本。

《越缦堂日记》，2004 年广陵书社影印本。

《越缦堂诗文集》，2008 年上海古籍出版社胶印本。

二、研究著作

浙江省议会编:《浙江省议会第二届常年会文牍》，民国间铅印本。

张舜徽:《清人文集别录》，中华书局，1963。

张德昌：《清季一个京官的生活》，香港中文大学，1970。

赵尔巽等：《清史稿》，中华书局，1977。

金梁：《越缦堂日记索引》，文海出版社，1978。

朱传誉：《李慈铭传记资料》，天一出版社，1981。

黄浚：《花随人圣庵摭忆》，上海古籍出版社，1983。

梁启超：《梁启超论清学史二种》，复旦大学出版社，1985。

缪荃孙：《艺风老人日记》，北京大学出版社，1986。

黄苇：《中国地方志词典》，黄山书社，1986。

上海图书馆：《中国丛书综录》，上海古籍出版社，1986。

萧一山：《清代通史》，中华书局，1986。

上海师范大学图书馆：《清代碑传全集》，上海古籍出版社，1987。

白寿彝：《中国通史·清代卷》，上海人民出版社，1989。

徐世昌：《清儒学案》，中国书店出版社，1990。

陈祖武：《清初学术思辨录》，中国社会科学出版社，1992。

孙钦善：《中国古文献学史》，中华书局，1994。

汪受宽：《谥法研究》，上海古籍出版社，1995。

徐一士：《一士类稿》，山西古籍出版社，1996。

徐一士：《一士随笔》，山西古籍出版社，1997。

艾尔曼：《从理学到朴学——中华帝国晚期思想与社会变化面面观》，江苏人民出版社，1997。

钱穆：《中国近三百年学术史》，商务印书馆，1997。

郑伟章：《文献家通考》，中华书局，1999。

中国蔡元培研究会：《蔡元培研究集——纪念蔡元培先生诞辰 130 周年国际学术讨论会文集》，北京大学出版社，1999。

戴逸：《18 世纪的中国与世界》，辽海出版社，1999。

汤志钧：《近代经学与政治》，中华书局，2000。

雷绍锋：《中国学术流变史》，湖北人民出版社，2000。

李灵年、杨忠：《清人别集总目》，安徽教育出版社，2000。

余英时：《论戴震与章学诚》，三联书店，2000。

曾贻芬：崔文印：《中国历史文献学》，学苑出版社，2001。

杜泽逊：《文献学概要》，中华书局，2001。

柯愈春：《清人诗文集总目提要》，北京古籍出版社，2001。

陈祖武：《清儒学术拾零》，湖南人民出版社，2002。

王俊义：《清代学术探研录》，中国社会科学出版社，2002。

王子今：《20世纪中国历史文献研究》，清华大学出版社，2002。

黄爱平：《朴学与清代社会》，河北人民出版社，2003。

田欣欣：《李慈铭诗文简论》，天津古籍出版社，2003。

陈左高：《历代日记丛谈》，上海画报出版社，2004。

蒋寅：《清诗话考》，中华书局，2005。

郑逸梅：《艺林散叶》，中华书局，2005。

漆永祥：《江藩与〈汉学师承记〉研究》，上海古籍出版社，2006。

罗检秋：《嘉庆以来汉学传统的衍变与传承》，中国人民大学出版社，2006。

张小庄：《赵之谦研究》，荣宝斋出版社，2008。

卢敦基：《彷徨歧路——晚清名士李慈铭》，社会科学文献出版社，2012。

三、研究论文

王重民：《李越缦先生著述考》，《国立北平图书馆馆刊》第6卷第5号。

张晓唯:《蔡元培和〈越缦堂日记〉》,《人民日报》(海外版) 1988 年2 月 3 日第 7 版。

沈家峻:《李慈铭〈越缦堂日记〉并藏书易主经过》,《绍兴文史资料选辑》第 10 辑。

董丛林:《论晚清名士李慈铭》,《近代史研究》1996 年第 5 期。

朱正:《李莼客与赵㧑叔》,《鲁迅研究月刊》1998 年第 7 期。

祁龙威:《胡适评〈越缦堂日记〉》,《扬州大学学报》(人文社会科学版) 2003 年 5 月第 7 卷第 3 期。

张晓唯:《越缦日记"佚稿"失而复得》,《历史教学》2003 年第5 期。

祁龙威:《读李慈铭的最后一函〈日记〉》,《扬州大学学报》(人文社会科学版) 2004 年 5 月第 8 卷第 3 期。

卢敦基:《从李慈铭看十九世纪江南士绅的日常文学生活》,《浙江学刊》2005 年第 6 期。

周涛:《〈越缦堂日记〉研究》(硕士论文),扬州大学,2005 年 5 月。

张桂丽:《李慈铭藏书归宿述略》,《图书馆研究与工作》2007 年第 2 期。

刘再华:《李慈铭及其诗歌创作》,《厦门教育学院学报》2007 年第 4 期。

周容:《李慈铭〈杏花香雪斋诗〉考述》,《文献》2008 年第 2 期。

陈冬冬、杨越:《试论〈越缦堂日记〉考证、评论正史的成就》,《乐山师范学院学报》2009 年第 2 期。

陈桂清:《晚清学者李慈铭的词学思想》,《西华师范大学学报》2009 年第 4 期。

阚红柳:《李慈铭读正史——〈越缦堂日记〉读后》,《社会科学战线》

2009 年第 4 期。

马强:《谈〈霞川花隐词〉中的"愁"》,《吉林省教育学院学报》2009 年第 7 期。

张桂丽:《李慈铭年谱》(博士学位论文),复旦大学,2009 年。

秦敏:《李慈铭词学思想与创作平议》,《徐州师范大学学报》2010 年第 2 期。

张桂丽:《李慈铭遗序辑释》,《文献》2012 年第 3 期。

张桂丽:《李慈铭与时人交恶考》,《北方论丛》2013 年第 6 期。

张桂丽:《李慈铭著述考略》,《图书馆研究与工作》2013 年第 3 期。

刘孝文、岳爱荣:《晚清学者李慈铭交游考》,《河北民族师范学院学报》2014 年第 1 期。

刘孝文等:《晚清名士李慈铭的藏书、读书与著述》,《山东图书馆学刊》2014 年第 4 期。

张桂丽:《李慈铭自序文辑释》,《古籍整理研究学刊》2015 年第 2 期。

张桂丽:《李慈铭的清学史观——以〈国朝儒林经籍小志〉为中心》,《中国典籍与文化》2015 年第 2 期。

附录一：李慈铭年谱简编

道光九年（己丑） 一岁

十二月二十七日辰时，慈铭生。本名家模，以模行。

道光十年（庚寅） 二岁

二月十五日，从伯芸圃观察以太史假归，抱慈铭剃胎发。

道光十一年（辛卯） 三岁

七月二十四日，仲弟恭铭出生。

道光十二年（壬辰） 四岁

闰九月二十七日，二伯父暴卒。

道光十四日（甲午） 六岁

二月二十日，先祖侧室张节母逝世。

六月十七日，叔弟楸生。早卒。

是岁，识字一千。

道光十五年（乙未） 七岁

是岁入学读唐诗。

道光十九年（己亥） 十一岁

始学作文。

道光二十年（庚子） 十二岁

七月三十日，大伯父暴卒。

道光二十一年（辛丑） 十三岁

英军攻陷镇海，全家避居绿葭埭外祖家。

道光二十二年（壬寅） 十四岁

十月初二日，完婚。祖母病卒。

道光二十五年（乙巳） 十七岁

三月，季弟惠铭生。出嗣族叔父治。

七月十五日，父亲去世。

道光二十七年（丁未） 十九岁

十月，赴县试不遇。

道光二十八年（戊申） 二十岁

二月，仲弟完婚。应府试呕血而出。

五月，院试不遇，仅取捐生。

道光二十九年（己酉） 二十一岁

九月，应乡试，不售。

道光三十年（庚戌） 二十二岁

三月，应院试，不售。

除夕，仲弟妇陈氏病逝。

咸丰元年（辛亥） 二十三岁

三月，应科试，督学拔为第三。

八月，应省试，不售。

十月二十六日，本生祖母病卒。

咸丰二年（壬子） 二十四岁

四月三十日，本生祖父病卒。

八月，赴杭州应省试，不售。

九月，三弟完婚。

咸丰三年（癸丑）　二十五岁

正月，仲弟续婚。

六月，胡学樵病逝。

七月，与孙埈等人结言社。

咸丰四年（甲寅）　二十六岁

二月，萝庵养病。

四月，周星誉、蒋坦等结益社，李慈铭被选为监社。

咸丰六年（丙辰）　二十八岁

正月十三日，馆课孙廷璋家。

正月二十八日，改名慈铭，以原名避太高祖疑名。

三月二十三日，应学使周玉麒岁试。

咸丰七年（丁巳）　二十九岁

十二月，修葺一小楼，名为"困学"；又改斋名为"壮改"。

咸丰八年（丙辰）　三十岁

二月二十七日，撰《困学楼》《壮改斋》二记。

十一月十二日，秋试揭晓，又落榜。

咸丰九年（己未）　三十一岁

二月二十七日，辞行北上。

咸丰十年（庚申）　三十二岁

正月，友人王星诚病卒。

十年，陈闲容客死汴中。

咸丰十一年（辛酉）　三十三岁

九月二十二日，定后代排行为"嗣孝友恭绍文宝福"八字。

同治元年（壬戌） 三十四岁

二月初九日，周祖培延请李慈铭为塾师，教其第五子周文龠、第六子周文令。

同治二年（癸亥） 三十五岁

二月二十六日，补交户部银一百六十两。

五月初五日，吏部掣签，慈铭分发户部。

同治三年（甲子） 三十六岁

八月初八日，应顺天乡试。

九月初九日，顺天乡试榜发，慈铭又落解。南北凡八试。

九月十七日，上书周祖培，辞馆。

十二月十二日，陈骥病逝。慈铭居京师六年，所交挚友唯陈骥一人。

同治四年（乙丑） 三十七岁

五月初八日，离京返乡。

闰五月二十一日，抵家。

八月十九日，马新贻请慈铭督修西江塘。

九月十五日，娶妾张氏。

十月初二日，绍兴知府高次峰请主讲蕺山书院。

同治五年（丙寅） 三十八岁

七月二十四日，兄弟分家，慈铭仅授田五亩。

八月十七日，母亲病逝，年六十二。

同治六年（丁卯） 三十九岁

四月初四日，周祖培病逝。

四月二十七日，马新贻请慈铭任新开浙江书局总校勘。

五月，陈廷璋病逝于京邸。

十月三十日，宗稷辰病逝。

十一月初六日，辞家往楚，襄理湖北学政张之洞文书。

十二月初六日，抵达张之洞学使官署。

同治七年（戊辰） 四十岁

正月十七日，辞别张之洞返家。

同治八年（己巳） 四十一岁

五月，杭州知府欲延请为东城讲舍山长，力辞不就。

同治九年（庚午） 四十二岁

七月二十六日，两江总督马新贻遇刺身亡。

九月十五日，浙江乡试榜发，李慈铭中第二十四名。主考：刘有铭、李文田。同榜者有黄以周、施补华、赵铭、王咏霓、朱一新、陶在铭。

同治十年（辛未） 四十三岁

正月十五日，辞别家人北上入京。

三月，参加会试，不中。

同治十三年（甲戌） 四十六岁

三月，参加会试，落第。

七月十二日，赁居保安寺街。

光绪元年（乙亥） 四十七岁

正月二十日，季弟得子，名曰孝璘，小字僧睿。李慈铭更为僧喜。

光绪二年（丙子） 四十八岁

三月，再与会试，又不中。友人陶方琦、袁昶、朱一新得中。

光绪三年（丁丑） 四十九岁

三月，再与会试，又不中。门生樊增祥得中。

八月十九日，仲弟暴亡。

光绪四年（戊寅） 五十一岁

四月二十一日，娶妾席氏。

光绪五年（己卯） 五十二岁

三月十日，席氏堕胎。

光绪六年（庚辰） 五十三岁

三月，应会试，中第一百名。同年有黄绍箕、朱福诜、王兰、徐琪等。

光绪九年（癸未） 五十六岁

二月十一日，发妻倪氏进京。

十二月十四日，李鸿章聘为问津书院讲席。

光绪十年（甲申） 五十七岁

九月，主持越中先贤祠修建事宜。

光绪十二年（丙戌） 五十九岁

四月六日，季弟病逝。

十月十一日，侄女冰玉抵京。

光绪十三年（丁亥） 六十岁

二月三十日，遣去席氏。

四月二十日，买妾王氏。

五月十二日，补授户部江南司郎中。

光绪十四年（戊子） 六十一岁

四月二十八日，倪氏病逝。其生于道光四年九月十八日。

五月二十五日，僧喜抵京，改名孝琜。

光绪十六年（庚寅） 六十三岁

二月初一日，得家中电报，季弟女琳姑病逝。

六月二十二日，补授山西道监察御史。

光绪十九年（癸巳） 六十六岁

四月初三日，僧喜在家娶妇。

光绪二十年（甲午） 六十七岁

十一月二十四日，病逝。

附录二：国图藏越缦堂藏书简目

笔者按：民国十七年，北平图书馆购得李越缦藏书。学界多认为并非李氏藏书的全部，然究竟有多少、具体包括哪些，大家往往语焉不详。现据国家图书馆古籍采访账本略加整理，附于文末，以为参考。

礼记注疏　乾隆四年殿本　20册

周礼注疏　乾隆四年殿本　14册

毛诗注疏　乾隆四年殿本　12册

仪礼古今文疏义　道光五年求是堂刻本　4册

仪礼注疏详校　乾隆六年刻本　4册

礼记集说　嘉庆十年刻本　10册

仪礼注疏　乾隆四年殿本　10册

左传注疏　乾隆四年殿本　20册

周礼补注　道光二十九年立诚轩初印本　4册

礼记训纂　咸丰元年宜禄堂刻本　8册

周礼正义　嘉庆十一年刻本　8册

礼记义疏　翻殿本　32册

周官义疏　同治七年浙江翻殿本　24册

仪礼义疏　翻殿本　28 册

礼经释例　嘉庆十四年刻本　6 册　有跋

周礼汉读考　嘉庆九年经韵楼刻本　2 册　末有补钞

仪礼经注疏正讹　乾隆五十三年刻本　3 册

礼说　嘉庆三年兰陔书屋刻本　6 册

群经宫室图　半九书塾刻本　2 册

三礼图　通志堂刻本　2 册

仪礼图　嘉庆十年刻本　2 册

弁服释例　嘉庆元年望贤家塾刻本　3 册

五服释例　同治五年刻本　6 册

仪礼经传通解　重刻本　20 册

诗小学　同治七年刻本　12 册

礼笺　乾隆五十九年刻本　2 册

大戴礼记　清雅雨堂刻本　2 册

尚书注疏附校勘记　嘉庆二十年江西书局刻本　10 册

古文尚书经说考　同治元年刻本　18 册

古文尚书注　乾隆六十年兰陵孙氏问字堂刻本　1 册

尚书古文疏证　同治六年钱塘汪氏补刻本　10 册

尚书后案　颐志堂刻本　8 册

古文尚书考异　经韵楼刻本　4 册

戴东原集　经韵楼刻本　2 册

诗说解颐　10 册

尚书今注音疏　乾隆五十八年刻篆字本　8 册

尚书考辨　嘉庆四年刻本　4 册

毛诗传笺　嘉庆二十一年木渎周氏刻本　4 册

韩诗外传　乾隆五十五年亦有生斋刻本　2 册

诗经小学　道光五年抱经堂刻本　2 册　有高邮王氏藏书印

诗经小学录　嘉庆二年拜经堂刻本　1 册　有高邮王氏藏书印

毛诗故训传定本　嘉庆二十一年段氏家刻本　2 册

毛诗礼征　道光七年小倦游阁刻本　6 册

毛诗传笺异义解　咸丰六年棣鄂堂刻本　4 册

三家诗异文疏证　道光十年刻本　2 册

诗沈　乾隆二十五年古趣亭刻本　2 册

三家诗拾遗　嘉庆十五年刻本　2 册

诗毛氏传疏　道光廿七年刻本　12 册

毛诗传笺通释　道光十五年学古堂刻本　12 册

毛诗稽古编　嘉庆十八年刻本　8 册

春秋穀梁经传补注　光绪二年信美室刻本　8 册

十三经异同条辨　旧钞本　6 册

诗经三家注疏存　旧钞本　1 册

左传贾服注辑述　同治五年刻本　6 册

春秋世本图谱　乾隆五十七年刻本　1 册

春秋阙如编　嘉庆十年刻本　6 册

春秋说略　嘉庆十四年刻本　4 册

春秋地名考略　康熙二十七年刻本　3 册

春秋经传集解　通行本　16 册

春秋左传诂　嘉庆十二年刻本　16 册

春秋穀梁传时月日书法释例　道光二十五年刻本　1 册

尔雅古注斠　光绪二年李氏半亩园刻本　3 册

小尔雅　嘉庆五年凿翠山庄刻本　2 册　有跋

周易二闻记　会稽徐氏刻本　1 册

周易小义　会稽徐氏刻本　1 册

周易述　雅雨堂刻本　6 册

周易集解　嘉庆二十三年木渎周氏刻本　4 册

周易虞氏义　嘉庆八年扬州阮氏刻本　4 册

虞氏易礼　道光九年合河康氏刻本　4 册

诚斋易传　聚珍本　6 册

拾雅　嘉庆二十五年刻本　12 册

别雅　督经堂刻本　5 册

骈雅训纂　有不为斋刻本　8 册

广雅疏证　原刻初印本　12 册

九榖考　通艺录原刻本　1 册

弟子职注　嘉庆六年刻本　1 册

孟子正义　道光五年半九书塾刻本　12 册

论语广注　嘉庆六年培远堂刻本　2 册

论语古训　嘉庆元年刻本　2 册

四书拾义　道光十四年吟经楼刻本　2 册

尔雅郭注补正　家刻本　1 册

尔雅正义　乾隆五十三年余姚邵氏刻本　10 册

尔雅义疏　道光三十年木犀香馆刻本　7 册　有跋

尔雅疏　光绪四年吴兴陆氏刻本　2 册

陆氏尔雅新义　嘉庆十九年三间草堂刻本　4 册

小尔雅训纂　原刻本　1 册

经传释词　嘉庆二十四年刻本　2 册

通雅　浮山此藏轩刻本　16 册

四书释地　眷西堂刻本　3 册

四书典故辨正　敬仪堂刻本　4 册

四书考异总考　乾隆三十四年无不宜斋刻本　8 册

论语后案　聚珍本　6 册

四书定本　清吴志忠校刻本　4 册

四书改错　嘉庆十六年刻本　6 册

孟子赵注　微波榭单行本　3 册

质疑　活字本　1 册　有跋

群经义证　嘉庆二年授堂刻本　2 册　有跋

古今解钩沉　乾隆六十年刻本　10 册

礼记集说　通志堂刻本　36 册

十三经札记　嘉庆二十二年云鹤堂刻本　5 册

经义杂记　拜经堂刻本　8 册

十三经注疏校勘记　文选楼刻本　60 册

经义考　乾隆二十年补刻本　48 册

读礼通考　康熙三十五年冠山堂刻本　40 册

通介堂经说　咸丰四年刻本　5 册

礼书　盛顺校刻本　16 册

经典释文　乾隆五十六年抱经堂刻本　12 册

唐六典　日本翻刻本　8 册

资治通鉴　鄱阳胡氏刻本　100 册

续资治通鉴　嘉庆六年德裕堂刻本　64 册

涑水纪闻　聚珍本　4 册

建炎以来朝野杂记　聚珍本　10 册

宋朝事实　聚珍本　8 册

保越录　同治六年刻本　1 册

越绝书　明嘉靖十一年刻本　2 册

吴越备史　扫叶山房本　2 册　有跋

蛮书　翻刻武英殿聚珍本　1 册

史记索隐　汲古阁刻本　3 册

五代史补　汲古阁刻本　1 册　有跋

汉书地理志校本　振绮堂精刻本　2 册

后汉书补注　德裕堂刻本　4 册　有跋

东观汉记　桐华馆重刻聚珍本　2 册　有跋

史记志疑　乾隆四十八年刻本　10 册　有跋

西夏纪事本末　江苏书局刻本　4 册

绎史　康熙九年刻本　40 册

史通通释　梁溪浦氏求放心斋刻本　8 册　有跋

史通评释　明刻本　4 册

廿二史考异　原刻本　24 册

十七史商榷　乾隆五十二年刻本　16 册　有跋

廿二史札记　湛贻堂刻本　10 册　有跋

钱唐遗事　扫叶山房本　2 册

东都事略　五峰阁刻本　16 册

南宋书　嘉庆丁巳扫叶山房刻本　6 册

契丹国志　扫叶山房本　4 册

元史类编　乾隆乙卯扫叶山房刻本　8 册

元史　南监本　40 册　校

汉书　汲古阁刻本　24 册

宋书　汲古阁刻本　24 册　校

晋书　汲古阁刻本　30 册

新唐书　汲古阁刻本　48 册　校

史记集解　汲古阁刻本　16 册

三国志　明崇祯十七年汲古阁刻本　10 册　有跋

三国志　明万历二十四年南监本　20 册

隋书　汲古阁刻本　12 册　校

南史　汲古阁刻本　18 册　校

北史　汲古阁刻本　30 册　校

后汉书传纪　汲古阁刻本　18 册

梁书　南监本　8 册　校

新五代史　汲古阁刻本　8 册　校

陈书　南监本　4 册

魏书　汲古阁刻本　24 册　校

周书　乾隆四年殿本　8 册

南齐书　武英殿本　8 册

北齐书　明万历十四年刻本　8 册　配 1 册

辽史　明嘉靖八年刊清顺治康熙间补版　12 册

金史　嘉靖八年刻本　20 册　首有跋

西汉会要　重刻内聚珍本　8 册

唐会要　聚珍本　24 册

十六国春秋　万历十七年兰晖堂刻本　10 册

南唐书　道光二年绿签山房刻本　10 册

南唐书合刻　振鹭堂刻本　4 册

新五代史补注　道光八年刻初印本　32 册

旧唐书　浙江书局本　40 册　校

续唐书　嘉庆十九年刻本　10 册

汉书注校补　光绪十年刻本　14 册

七家后汉书　光绪八年刻本　6 册

十国春秋　乾隆五十三年刻本　16 册

旧五代史　同治十一年崇文书局刻本　16 册

明史稿　雍正元年敬慎堂刻本　80 册

明纪　同治十年江苏书局刻本　20 册

魏书校勘记　光绪九年长沙王氏刻本　1 册

隋书经籍志　万历二十三年刻本　2 册

明宰辅七卿年表　旧刻本　1 册

胜朝殉节诸臣录　嘉庆二年刻本　5 册

绥寇纪略　学津讨原本　8 册

野获编　道光七年扶荔山房刻本　20 册

弇山堂别集　万历十八年刻本　22 册

劝学篇　光绪二十四年西湖书院刻本　1 册　（注：或为其子所藏）

道德经考异　乾隆四十三年灵岩山馆刻本　1 册　有跋

国语三君注辑存　振绮堂精刻本　5 册

纪元汇考　知不足斋刻本　1 册　首有跋

世本辑补　嘉庆二十三年琳琅仙馆刻本　6 册

国朝列卿记　明刻本　48 册

明殿阁部院大臣年表　万历四十五年刻本　1 册　有明善堂安乐堂藏印

战国策释地　嘉庆二十二年宛邻书屋刻本　1 册

战国策　崇文书局刻本　5 册

国语　崇文书局刻本　5 册　批校甚多

高氏战国策　雅雨堂刻本　4 册　首有跋

国语正义　光绪六年章氏式训堂刻本　8 册

朱子语类　坊刻本　30 册

国语解　诗礼堂刻本　4 册

孙吴司马法　同治十年淮南书局刻本　1 册

邓析子　影宋刻本　1 册

荀子集　光绪十七年刻本　6 册

铁华馆丛书六种　光绪间影刻精本　6 册

太玄经集注　道光二十四年五柳居陶氏刻本　4 册　校

管子校正　同治十二年刻本　4 册

管子校正　金陵书局刻本　1 册　有跋

抱朴子内篇　嘉庆十六年刻本　8 册

管子　光绪五年刻本　4 册

管子义证　嘉庆十七年刻本　2 册

扬子法言　嘉庆廿三年石研斋刻本　1 册

太上感应篇注　敬恕堂刻本　1 册

吕氏春秋　乾隆五十三年灵岩山馆刻本　6 册　有跋

淮南子　乾隆五十三年刻本　4 册　有跋

韩晏合刻编　道光二十五年扬州汪氏刻本　8 册

扬子　嘉庆九年姑苏聚文堂刻本　1 册

祁忠惠公集　道光十五年刻本　4 册

谢宣城集　甓轩刻本　2 册

王阳明先生文钞　康熙二十八年刻本　6 册

傅忠肃公文集　光绪九年刻本　3 册

王阳明先生文集别录　嘉靖间刻本　12 册

思旧录　五桂楼刻本　2 册

黄梨洲先生年谱　同治十二年刻本　1 册

颜鲁公文集　嘉庆七年颜氏刻本　2 册

欧阳文公圭斋集　道光十四年棣余山房刻本　6 册

刘子全集　道光间刻本　16 册

刘子全书遗编　道光十八年刻本　8 册

深宁先生文钞　道光九年刻本　8 册

倪文贞公文集　乾隆三十七年刻本　8 册

传家集　日本重刻乾隆七年本　12 册　末有天保壬辰戳

宋学士全集　嘉靖三十年刻本　20 册　有继涵藏印

放翁全集文集　汲古阁刻本　46 册

宋子大全集文集　康熙二十七年刻本　44 册

陈简庄集　嘉庆十二年士卿堂刻本　2 册

晚学集　道光二十一年刻本　1 册

遂初堂文集　家刻本　16 册

陈司业集　乾隆二十九年日华堂刻本　4 册

天真阁集　嘉庆五年刻本　8 册

道古堂文集　乾隆五十五年刻本　16 册

西河合集　原刻本　91 册

揅经室集　道光三年文选楼刻本　24 册

洪北江集　乾隆六十年刻本　16 册

北江遗书七种　道光二十二年姑苏刻本　4 册

清白士集　嘉庆五年刻本　8 册

潜研堂文集　嘉庆十一年刻本　12 册

校礼堂文集　嘉庆十七年刻本　16 册

宋景文集　聚珍本　12 册

浮溪集　聚珍本　8 册

公是集　聚珍本　10 册

昆陵集　聚珍本　4 册

樊川文集　仿宋刻本　6 册

范忠宣公集　岁寒堂刻本　6 册

松雪斋集　城书室精刻本　4 册

陆宣公集　道光二十七年刻本　8 册

柳文　嘉靖十六年游居敬刻本　16 册

胡文恭集　聚珍本　8 册

吴渊颖集　嘉靖元年刻本　4 册

定文集　武英殿聚珍本　12 册

牧庵集　聚珍本　20 册

柯山集　聚珍本　8 册

南涧甲乙稿　聚珍本　8 册

攻媿集　聚珍本　24 册

华阳集　聚珍本　5 册

陶渊明集　汲古阁刻本　4 册

陶山集　聚珍本　4 册

止堂集　聚珍本　4 册

耻堂存稿　聚珍本　2 册

雪山集　聚珍本　10 册

金渊集　聚珍本　1 册

柳河东集　三径藏书本　12 册

苏魏公文集　道光十一年刻本　20 册

受经堂汇稿五种　道光三年刻本　4 册

李忠定公集选奏　乾隆十七年补刻本　15 册

思适斋集　道光二十九年刻本　4 册

石笥山房集　咸丰二年刻本　10 册　有跋

鹤泉文钞续选　嘉庆十八年刻本　4 册　有跋

东溟文集　道光十三年刻本　11 册　有跋

徐文长文集　万历甲寅刻本　4 册

大云山房文稿初集　嘉庆二十年武宁卢氏刻本　8 册

鲒埼亭集　借树山房刻本　20 册

曝书亭集　原刻本　20 册

春融堂集　嘉庆十三年塾南书舍刻本　20 册

鲒埼亭外集外编　乾隆四十一年刻本　16 册　有跋

孟邻堂文钞　乾隆五十九年刻本　6 册

逊志斋集　同治十二年刻本　16 册

刘礼部集　道光十年刻本　6 册

元遗山全集　灵石杨氏刻本　16 册

心止居集　嘉庆十四年刻本　2 册

鲒埼亭诗集　道光十四年郑尔龄校刊本　1 册　有跋

邃雅堂集　道光元年刻本　5 册　有跋

居易堂集　鸳湖赵氏刻本　6 册

有学集　康熙三年刻本　24 册

龚定庵集　同治七年刻本　3 册

汀鹭文钞　同治十一年刻本　2 册

曾文正公文钞　同治十一年苏郡刻本　4 册　有跋

僦居集　道光二十八年刻本　4 册　有跋

经德堂文集　光绪四年刻本　3 册　有跋

存研楼集　光绪九年静远堂刻本　8 册

蔡中郎集　海源阁仿刻本　6 册　有跋

小谟觞馆集诗集　同治十三年刻本　4 册

任松乡文集　光绪六年补刻本　4 册

张太岳集　重刻本　16 册

姜先生全集　光绪十五年刻本　18 册

鳞角集　光绪十年福山王氏刻本　1 册

黄御史集　光绪十年福山王氏刻本　1 册

初唐四杰文集　光绪五年刻本　3 册

陈左海全集十种　道光间刻本　24 册

第六弦溪文钞　光绪十年后知不足斋刻本　2 册

黄忠端公全集　道光六年福州陆氏刻本　24 册

复初斋文集　道光十六年刻光绪三年重刻本　8 册

李卫公文集　光绪十六年湖州朱氏刻本　6 册

寒支初集　道光七年活字本　16 册

存悔斋集　道光十年刻本　10 册

衍石斋纪事稿　光绪六年刻本　22 册

湛园未定稿　二老阁刻本　6 册

南雷文约　郑氏原刻本　4 册

研六室文钞　道光十七年泾川书屋刻本　4 册

望溪先生全集　咸丰元年刻本　14 册

六唐人诗　汲古阁刻本　4 册

唐四名家集　汲古阁刻本　2 册

全唐诗录　康熙四十五年殿本　24 册

宋诗钞　康熙十年刻本　24 册

山谷全集　乾隆五十三年树经堂刻本　20 册

中州集　汲古阁刻本　6 册

衍石斋纪事稿　嘉庆十三年刻本　5 册　有跋

宋诗纪事　乾隆十一年刻本　40 册

王荆公诗集　日本天保七年刻本　8 册

苏诗补注　乾隆二十六年刻本　16 册

唐诗纪事　汲古阁刻本　12 册

元诗选　秀野草堂刻本　32 册

王右丞集　乾隆元年刻本　6 册

杜工部集　康熙六年刻本　8 册

施注苏诗　康熙三十八年刻本　16 册

审音鉴古录九种　道光间刻本　8 册

吴梅村诗集笺注　沧浪吟榭原刻本　6 册

吴梅村诗集笺注　沧浪吟榭原刻本　存　6 册

元遗山诗集　汲古阁刻本　4 册　有跋

玉台新咏　保元堂写刻本　4 册

秣陵集　道光二年刻本　4 册

漱玉堂三种传奇　旧钞本　6 册

南宋杂事诗　原刻本　3 册

纳兰词灵芬馆词　光绪六年刻本　4 册

白石道人诗词合刻　光绪十年许氏刻本　4 册

乐府诗集　汲古阁刻本　16 册

元诗选癸集　扫叶山房本　10 册

高青邱大全集　明刻本　4 册

明诗综　康熙四十四年六峰阁刻本　25 册

道援堂集　原刻本　12 册

绝妙好词笺　同治十一年会稽竟氏刻本　3 册

姜白石诗词全集　仿宋刻本　2 册

会稽缀英总集　山阴杜氏刻本　4 册

芸香阁遗诗　同治十三年写刻本　1 册

李长吉集　光绪十八年叶衍兰写朱色套印本　2 册

燕子笺　原刻本　2 册　有跋

天籁集　光绪十八年四印斋刻本　1 册　有跋

金梁梦月词　杭州爱日轩刻本　1 册　有跋

唐人万首绝句选　松花屋刻本　2 册　有跋

还魂记　同治九年清芬阁刻本　2 册

宋六十名家词　光绪十四年钱唐汪氏刻本　28 册

越风初二编　嘉庆十六年刻本　12 册　有跋

蚁术词选　光绪十七年刻本　1 册

樊榭山房集　乾隆四年刻本　4 册

古诗选五言　乾隆三十一年芷兰堂刻本　8 册

词律　康熙二十六年保滋堂刻本　17 册

吟风阁乐府三十二种　嘉庆二十五年屋外山房刻本　6 册

花间集　光绪十九年刻本　1 册

四印斋所刻词　光绪十八年刻本　10 册

宋元三十一家词　四印斋刻本　4 册

广韵　清泽存堂张氏刻本　5 册

玉篇　康熙四十三年泽存张氏刻本　3 册

龙龛手鉴　张氏虚竹斋刻本　6 册

说文辨字正俗　同治九年校经顾刻本　4 册

仓颉篇　乾隆五十年大梁抚署刻本　1 册

玉篇　道光三十年新化邓氏刻本　3 册

广韵　道光三十年新化邓氏刻本　1 册

说文解字斠诠　嘉庆十二年吉金乐石斋刻本　14 册

说文校议　同治十三年归安姚氏刻本　4 册

韵补　道光二十八年灵石杨氏刻本　2 册

说文解字群经正字　嘉庆二十一年柱隐书屋刻本　10 册

刘炫规杜持平　嘉庆二十二年柱隐书屋刻本　2 册

说文解字系传通释　道光十九年寿阳祁氏刻本　8 册

说文引经异字　道光五年刻本　1 册

释名疏证　乾隆五十五年经训堂丛书单行本　3 册

说文句读　道光三十年刻本　16 册

说文释例　同治四年王彦侗刻本　10 册

汉学谐声　嘉庆八年刻本　4 册

正字略　道光二十九年芸香馆写刻本　1 册

说文蠡笺　道光二十年三松堂刻本　1 册　有陈寿祺、李慈铭二跋

说文声订　道光二十一年汉砖亭刻本　2 册

古籀拾遗　光绪十四年刻本　1 册

说文解字注　经韵楼刻本　16 册

段氏说文注订　同治五年碧螺山馆刻本　2 册

小学类篇五种　咸丰二年李氏半亩园刻本　1 册

说文逸字　咸丰八年莫氏家刻本　1 册

说文解字木部笺异　同治二年刻本　1 册

说文新附考　同治碧螺山馆刻本　2 册

字林考逸　原刻本　1 册

说文解字　嘉庆九年五松书屋刻本　4 册

集韵　嘉庆九年顾氏校补刻本　10 册

汉魏音　乾隆五十年洪氏西安刻本　1 册

字学三书三种　道光二十一年刻本　4 册

文字蒙求　光绪五年后知不足斋刻本　1 册

古韵标准　乾隆三十六年潮阳县刻本　2 册

复古编　乾隆四十六年葛氏刻本　6 册

说文解字义注　同治九年崇文书局刻本　32 册

小学钩沉　嘉庆二十二年刻本　2 册

述均　咸丰三年刻本　2 册

音学五书　坊刻本　12 册

丹铅总录　嘉靖三十三年刻本　10 册

七纬　嘉庆十四年侯官赵氏刻本　10 册

群书疑辨　嘉庆二十一年刻本　4 册

苕溪渔隐丛话　重刻宋本　10 册

援敦堂笔记　嘉庆二十四年刻本　8 册

十驾斋养新录　嘉庆九年刻本　8 册

抱经堂子书丛刻七种　乾隆五十一年嘉善谢氏刻本　12 册

札朴　嘉庆十八年小李山房刻本　5 册

拜经堂藏书题跋记　成都翻刻本　2 册

问经堂丛书十八种　嘉庆七年刻本　10 册

潜邱札记　眷西堂刻本　6 册

国朝汉学师承记　嘉庆二十三年刻本　2 册

何氏学　嘉庆二十四年刻本　2 册　有跋

五家年谱　原刻本　1 册　陆放翁、洪文敏等

曝书杂记　道光十九年别下斋校刻本　1 册

亢艺堂集　旧钞本　2 册

稽古录　同治十一年崇文书局刻本　4 册

水经注图及附录　咸丰十一年刻本　1 册

叠雅　同治三年刻本　4 册

西域水道记　道光五年刻本　5 册

新疆赋　道光五年刻本　1 册

汉书西域传补注　道光五年刻本　2 册

宋名臣言行录　重刻本　11 册

蛾术编　道光二十三年世楷堂刻本　18 册

野客丛书　明刻本　5 册

抱经堂丛刻十种　乾隆四十九年刻本　17 册

陔余丛考　乾隆五十五年湛贻堂刻本　14 册

郡斋读书志　嘉庆二十四年吴门汪氏刻本　6 册

虞初新志　康熙二十二年刻本　10 册

群书拾补三十七种　光绪十六年古越徐氏刻本　10 册

盐铁论　嘉庆十二年新淦涂氏刻本　3 册

说苑　明王谟校刻本　2 册

先圣生卒年月日考　光绪四年刻本　1 册

汉西域图考　光绪八年阳湖赵氏聚珍印本　4 册

竹书纪年统笺　浙江书局本　4 册

家语疏证　原刻本　1 册

小琅嬛叙录书三种　嘉庆三年刻本　1 册

顾亭林先生年谱　道光二十四年刻本　1 册

读书脞录　嘉庆十二年刻本　2 册　有跋

读书脞录续编　嘉庆七年刻本　1 册

杭氏丛书存五种　刻本　1 册　批校甚多

皇朝舆地略　同治二年广州刻本　2 册

周易集解　乾隆二十一年雅雨堂刻本　6 册

尚书大传　雅雨堂刻本　1 册

郑氏周易　雅雨堂刻本　1 册

日知录集释　道光十四年嘉定黄氏刻本　16 册

会稽茹三樵先生所著书十二种　家刻本　12 册

岱南阁丛书十六种　乾隆六十年兰陵孙氏刻本　36 册

经训堂丛书十六种　乾隆四十八年刻本　24 册

癸巳存稿　道光二十八年刻连筠簃丛书本　5 册

爱日精庐藏书志　道光七年刻本　10 册

阎潜邱先生年谱　道光二十七年寿阳祁氏刻本　1 册

金石例四种　道光十二年活字本　6 册

四裔编年表　原刻本　4 册

瀛寰志略　道光二十八年刻本　6 册

读书杂志十种　高邮王氏原刻本　24 册

翁注困学纪闻　道光五年余姚守福堂刻本初印本　12 册

章氏遗书二种　道光十二年刻本　5 册

古今释疑　康熙二十一年汗青阁刻本　10 册

读书丛录　道光元年刻本　6 册　有跋

蒙古游牧记　同治六年寿阳祁氏刻本　4 册

卮林　湖海楼本　6 册

说文楬原　光绪十一年刻本　2 册

九章算经高岛算经合刻　乾隆四十一年豫簪堂刻本　2 册

说文疑疑　嘉庆七年诗礼堂刻本　2 册

罗坚白所著书三种　光绪十八年刻本　1 册

左传杜解补正　日本那波与藏刻本　1 册

汗筠斋丛书第一集二种　原刻本　5 册

省吾堂五种　家刻本　10 册

凌氏丛书六种　嘉庆道光间蜚云阁刻本　8 册

述学　同治八年刻本　2 册

声韵考　微波榭刻本　1 册

群书拾补　旧钞本　1 册

竹汀先生日记钞　嘉庆十年滂喜斋刻本　1 册

藤阴杂记　光绪三年刻本　2 册

戴校水经注　浙江重刻聚珍小字本　20 册

玲珑山馆丛刻六种　道光二十九年小石山房刻本　10 册

帕米尔图说　光绪十八年石印本　1 册

中外交涉类要表　铅印本　2 册

海防略　原刻本　1 册

朔方备乘图说　光绪三年畿辅通志局刻本　1 册

朔方备乘表　光绪六年畿辅通志局刻本　2 册

授堂遗书八种　道光二十三年重刻本　16 册

东湖丛记　云自在龛丛书单行本　3 册

算学启蒙　道光十九年仿宋刻本　3 册

吕氏春秋　光绪元年浙江书局刻本　6 册

孙氏十家注　浙江书局本　6 册

墨子　浙江书局本　4 册

晏子春秋　浙江书局本　2 册

文中子　浙江书局本　2 册

春秋繁露　浙江书局本　2 册

扬子法言　浙江书局本　1 册

尸子　浙江书局本　1 册

列子　浙江书局本　2 册

孔子集语　浙江书局本　4 册

文子缵义　浙江书局本　2 册

韩非子　浙江书局本　6 册

淮南子　浙江书局本　6 册

荀子　浙江书局本　6 册

庄子郭注　浙江书局本　4 册

贾子新书　浙江书局本　2 册

先庄简公读易详说　旧钞本　4 册

尸子尹文子合刻　嘉庆十七年湖海楼刻本　1 册

竹书纪年统笺　乾隆十五年刻本　2 册

商君书　浙江局本　1 册

楼山堂集　同治四年永宁官廨刻本　6 册

山海经　浙江局本　3 册

晏子春秋音义　刻本　1 册

晏子春秋校勘记　光绪二年刻本　1 册

金石文字记　原刻本　3 册

老子道德经　浙江书局本　1 册

论语类考　湖海楼本　4 册

孟子杂记　湖海楼本　2 册

潜夫论　湖海楼本　4 册

孟子赵注　微波榭刻本　4 册

国语补音　微波榭刻本　1 册

春秋地名　微波榭刻本　1 册

春秋长历　微波榭刻本　1 册

春秋金锁匙　红间书屋刻本　1 册

戴氏水地记　微波榭刻本　1 册

水地记　微波榭刻本　1 册

诗经补注　微波榭刻本　1 册

夏小正经传考释　道光十七年刻本　2 册

毛诗考证　道光十六年刻本　1 册

周易郑注　湖海楼丛书单行本　2 册

韵补正　原刻本　1 册

昌平山水记　原刻本　1 册

亭林诗文集　刻本　5 册

尚书古今文注疏　平津馆丛书单行本　6 册

鲜虞中山国事表　光绪七年刻本　1 册

洗冤录详义　光绪二年滂喜斋刻本　2 册

直斋书录解题　聚珍小本　12 册

潜邱札记　乾隆十年眷西堂刻本　4 册

癸巳类稿　求日益斋刻本　5 册　有跋

三通　乾隆二年武英殿本　238 册

雷氏丛书四种　道光三年刻本　12 册

疑年录　嘉庆道光光绪间刻本　6 册

赤城集　嘉庆二十三年刻本　3 册

周礼故书疏证　家刻本　1 册

仪礼古今文疏证　家刻本　1 册

知不足斋丛书三十集　乾隆四十年刻袖珍本　240 册

啸亭杂录　光绪六年刻本　12 册

文则　嘉庆二十二年临海宋氏刻本　1 册

知服斋丛书十种　顺德龙氏刻本　10 册

二酉堂丛书二十种　道光元年刻本　10 册

拜经堂丛书七种　光绪十一年会稽章氏刻本　6 册

梅瑞轩辑录古逸书十种　道光十四年刻本　10 册

滂喜斋所刻书十六种　同治十年刻本　13 册

经籍纂诂　小琅嬛馆刻本　80 册

五行大义　知不足斋丛书本　3 册

山阴县志　嘉庆八年刻本　8 册

绍兴府志　乾隆五十七年刻本　44 册

论衡　天启六年刻本　6 册

纂喜庐丛书四种　光绪十五年日本印本　14 册

摭言　乾隆二十一年雅雨堂刻本　3 册

乾隆府厅州县图志　乾隆五十三年刻本　12 册

华阳国志　明吴氏校刻本　4 册

历代名人年谱　家刻本　10 册

惜抱轩尺牍　咸丰五年海源阁刻本　2 册

明状元图考　咸丰六年汉阳叶氏刻本　4 册

左传读本　同治九年刻本　16 册

老学庵笔记　汲古阁刻本　1 册　有跋

熙朝宰辅录　道光十八年刻咸丰七年增订并附李氏补钞本　1 册

文心雕龙　王谟校刻本　1 册

列女传补注　嘉庆十七年刻本　3 册

列女传校注　道光十一年刻本　1 册

顾画列女传　清文选楼刻本　2 册

吾学录初编　道光十二年刻本　8 册

大清州县名急就章　嘉庆三年刻本　1 册

元丰九域志　乾隆四十九年刻本　5 册

海国图志　道光二十七年古微堂刻本　24 册

红豆树馆书画记　光绪八年潘氏刻本　6 册

艺文类聚　明刻本　20 册

初学记　万历二十五年陈大科校刻本　12 册

历代帝王年表　翻刻道光四年阮氏刻本　4 册

朱少师公事实　原刻本　2 册　末有跋

词科掌录　道古堂刻本　6 册

后甲集　式训堂丛书单行本　1 册

皇朝谥法考　同治三年刻本　1 册

皇朝谥法考　光绪十七年刻本　1 册

明贡举考略　道光二十四年双柱斋刻本　4 册

阅微草堂笔记五种　嘉庆二十一年北平盛氏刻本　10 册

戴校水经注　戴氏遗书本　14 册　有校语

孙文定公南游记　嘉庆十年守意龛写刻本　1 册

穆天子传　道光十八年五经岁编斋校刻本　1 册

客舍偶闻　旧钞本　1 册

书记洞诠　万历丁酉刻本　28 册

湖船录　光绪七年钱唐丁氏刻本　1 册　有跋

洛阳伽蓝记　道光十三年钱唐吴氏刻本　1 册　有跋

唐两京城坊考　道光二十八年灵石杨氏刻本　2 册

乾道临安志　竹书堂重刊宋本　1 册

平山堂图志　乾隆三十年刻本　4 册

宝真斋法书赞　浙江聚珍本　12 册

蔡氏月令章句　嘉庆己未刻本　1 册

月令辑要　殿本　12 册

学林　浙江聚珍本　5 册

禹贡锥指　康熙四十四年漱六轩刻本　10 册

舆地广记　武英殿聚珍本　6 册

山海经笺疏　嘉庆十四年阮氏刻本　2 册

元朝名臣事略　福建聚珍本　4 册

能改斋漫录　聚珍本　8 册

唐语林　浙江聚珍本　4 册

津逮秘书一百二十三种　汲古阁刻本　存　145 册

五音集韵　明刻本　5 册

王复斋钟鼎款识　道光二十八年汉阳叶氏刻本　1 册

咸淳临安志　道光十年钱唐汪氏刻本　24 册

景定建康志　嘉庆六年阳湖孙氏仿宋刻本　24 册

归潜志　聚珍本　2 册

方言注　聚珍本　2 册

南阳集　聚珍本　1 册

汉官旧仪　聚珍本　1 册

墨法集要　聚珍本　1 册

涧泉日记　聚珍本　1 册

考古质疑　聚珍本　1 册

瓮牖闲评　聚珍本　1 册

涧泉日记　聚珍本　1 册

西藏赋　　1 册　（注：版本项原缺）

蔡氏月令　道光四年刻本　4 册

夏小正戴氏传　同治八年大兴傅以礼刻本　1 册

金史详校　会稽章氏刻本　12 册

嘉泰会稽志　嘉庆十三年刻本　14 册

钦定宫中现行则例　翻刻本　4 册

麟台故事　武英殿聚珍本　1 册

宋文鉴　嘉靖七年刻本　20 册

云谷杂记　聚珍本　1 册

敬斋古今黈　武英殿聚珍本　1 册

方言注　乾隆四十九年抱经堂校刻本　1 册

农书　武英殿聚珍本　16 册

两汉金石记　乾隆五十四年原刻本　8 册

易象意言　武英殿聚珍本　1 册

浩然斋雅谈　武英殿聚珍本　1 册

金石　李氏闻妙香室精刻本　4 册

元和姓纂　嘉庆七年洪氏刻本　4 册　有跋

金石苑　道光二十六年来凤堂刻本　5 册

大唐郊祀录　旧钞本　4 册　跋系缪荃孙

周易小义　越缦堂手钞本　2 册

柳边纪略　原钞稿本　1 册

金石综例　道光七年刻本　2 册

金石萃编　嘉庆十年刻本　80 册　略有校语

缪篆分韵　乾隆四十九年精刻本　2 册

小蓬莱阁金石文字　道光十四年精刻本　6 册

同姓名谱　旧钞本　10 册　有跋

平津读碑记　嘉庆十六年刻本　4 册

积古斋钟鼎彝器款识　通行本　4 册

周易贯注　红格钞本　4 册

江宁金石记　嘉庆九年赐书堂刻本　4 册

汗简　道光二十八年蕴玉山房刻本　2 册

石经考文提要　嘉庆四年刻本　2 册

唐石经校文　嘉庆二年刻本　2 册

舆地碑记目　同治九年滂喜斋刻本　2 册

两汉金石记　乾隆五十一年刻本　8 册

筠清馆金石文　道光二十二年南海吴氏刻本　5 册

思古斋双钩汉碑篆额　光绪九年刻本　3 册

隶篇　道光十八年刻本　10 册

汉石例　道光二十九年灵石杨氏连筠移丛书单行本　4 册

隶辨　乾隆八年玉渊堂刻本　8 册

金石录　雅雨堂刻本　4 册

隶释　乾隆四十三年汪氏刻本　12 册

新序　明刻本　8 册

石经汇函十种　元尚居校刻本　16 册

考古图　明翻元大德本　10 册

氏族博考　明刻本　32 册

百川学海三集　明刻本　5 册

法苑珠林　道光七年燕园蒋氏刻本　32 册

华严经　同治八年金陵刻本　22 册

一切经音义　日本元文二年刻本　49 册

一切经音义　同治八年刻本　4 册

弘明集　日本刻本　5 册

广弘明集　日本刻本　16 册

格致镜原　翻刻本　24 册

维摩诘所说经　同治九年金陵刻本　1 册

砚影　拓本　1 册

汉西岳华山庙碑　影印本　1 册

三朝北盟会编　光绪四年活字本　40 册

续资治通鉴长编　浙江书局本　120 册　有批

太平寰宇记　清叶建兰校刻本　44 册

前汉书　金陵书局刻本　16 册

后汉书　金陵书局刻本　16 册

明通鉴　同治十二年宜黄官廨刻本　40 册

靖康要录　通行本　6 册

小腆纪年　咸丰十一年刻本　12 册　有校语

校刊史记集解索隐正义札记　同治十一年金陵书局刻本　2 册

新旧唐书合钞　同治十年武林吴氏清末堂刻本　80 册

通鉴纪事本末　江西书局刻本　80 册　手批

俞曲园所著书二十二种　同治十年刻本　65 册

国朝御史题名录　道光十七年刻本　5 册

汉书地理志稽疑　嘉庆九年朱文翰刻本　2 册　批

资治通鉴目录　苏州书局翻刻宋本　10 册

宋史　浙江书局本　120 册

东华录　清长沙王氏刻本　160 册　手批

说文五翼　光绪八年观海楼重刊本　2 册

礼堂经说　道光十年小琅嬛馆刻本　1 册

毛诗郑笺改字说　道光十年小琅嬛馆刻本　1 册

齐诗翼氏学疏证　道光十年小琅嬛馆刻本　1 册

齐诗遗说考　道光二十二年刻本　4 册

唐文粹　光绪九年江苏书局刻本　16 册

唐文粹　光绪十六年杭州许氏校刻本　16 册

文粹补遗　光绪十六年杭州许氏校刻本　4 册

铁崖诗集三种　光绪十四年诸暨楼氏刻本　10 册　有批

六朝文絜　光绪九年巴陵方氏刻本　2 册

官韵考异　艺海珠尘单行本　1 册

续方言　艺海珠尘单行本　1 册

助字辨略　咸丰五年海源阁刻本　4 册

唐文拾遗　家刻本　10 册

文选旁证　光绪八年刻本　12 册

论语集注旁证　同治癸酉刻本　6 册

切韵考　东塾丛书单行本　3 册

古今韵会举要　光绪九年淮南书局刻本　10 册

李注文选　浔阳万氏再刻本　24 册

宋诗纪事补遗　光绪十九年刻本　24 册

国朝金陵诗征　光绪十一年刻本　16 册

辽史拾遗　江苏书局刻本　10 册

补元史氏族表　江苏书局刻本　3 册

竹柏山房十五种　咸丰五年刻本　40 册

汉魏丛书八十六种　光绪三年蜀南卢氏刻本　128 册

岭南遗书六十二种　道光十一年南海伍氏刻本　88 册

全唐文　广东翻殿本　68 册

樊山诗集　光绪十九年渭南县署刻本　4 册

礼部韵略　光绪二年姚氏刻本　5 册

类篇　光绪二年川东官舍刻本　14 册

池北偶谈　原刻本　8 册

元诗纪事　铅印本　6 册

通雅堂诗钞　光绪元年荆州刻本　2 册

八家四六文补注　上海方言馆排印本　1 册

新校注地理志集释　会稽章氏刻本　6 册

居易录　原刻本　8 册

游历日本图经　光绪十五年日本印本　16 册

说文字原集注　乾隆五十二年刻本　4 册

钱注杜诗　原刻本　8 册　有跋

金源纪事诗　淮南书局刻本　4 册

宋元四明六志　咸丰四年烟屿楼刻本　40 册

十万卷楼丛书四十种　光绪间归安陆氏刻本　60 册

说文古本考　光绪二十年吴兴潘氏刻本　8 册

字典考正　爱日堂刻本　6 册

经义述闻　刻本毛装　12 册

匡谬正俗　传钞雅雨堂本　2 册

玉函山房辑佚书五百九十二种　原刻本　65 册

玉函山房目耕帖四种　同治十年济南皇华馆书局补刻本　24 册

皇清经解　原刻本　143 册　存

文庙祀典考　光绪四年家刻本　8 册

水道提纲　霞城精舍刻本　8 册

礼经校释　光绪十八年刻本　12 册

大清律例统纂集成　光绪二十年刻本　24 册

毛诗后笺　光绪辛巳方氏刻本　20 册

经苑二十五种　同治四年刻本　77 册

登科记考　南菁书院丛书第一集本　8 册

劳氏读书杂识　光绪三年刻月河精舍丛钞本　6 册

新化邹氏遗书六种　南昌新刻本　6 册

过庭录　光绪七年会稽章氏刻本　4 册

郡斋读书志　光绪十年长沙王氏刻本　10 册

开有益斋读书志　光绪庚辰年金陵翁氏刻本　4 册

东塾读书志　光绪七年刻本　4 册

论语正义　同治五年刻本　6 册

仪礼私笺　家刻本　2 册

大唐开元礼　光绪十二年公善堂刻本　16 册

白虎通疏证　淮南书局刻本　4 册

群书拾补　乾隆五十二年抱经堂刻本　8 册

咸淳毗陵志　嘉庆二十五年南海刻本　4 册

尔雅正义　乾隆五十三年邵氏家刻本　4 册

尔雅经注　光绪七年刻本　2 册

仪礼古今文疏义　崇文书局刻本　5 册

建炎以来系年要录　光绪十一年仁寿萧氏刻本　30 册

舆地纪胜　道光二十八年刻本　47 册

袖珍十三经　稽古楼刻本　87 册

屈原赋　乾隆二十五年刻本　1 册

三不朽图赞　乾隆六十年刻本　1 册

国朝骈体正宗续编　寒松阁刻本　4 册

楚词补注　汲古阁刻本　6 册

续古文苑　嘉庆十七年冶城山馆本　6 册

骈体文钞　合河康氏刻本　8 册

列仙酒牌　咸丰四年刻本　1 册　有跋

国朝骈体正宗　嘉庆十一年赏雨茅屋刻本　4 册

李注文选　同治八年金陵书局刻本　10 册

文心雕龙　道光十三年两广节署套印本　4 册

樊山全集　光绪二十年刻本　24 册

于越先贤像传赞　光绪己卯上海点石斋石印小本　2 册　有跋

二家词钞　光绪二十八年刻本　2 册

历代地理志韵编今释　同治九年合肥李氏刻本　8 册

鹤征录　漾葭老屋刻本　6 册

己未词科录　光绪十四年活字本　6 册

古文词类纂　道光五年吴氏刻本　10 册　有跋

续古文词类纂　光绪八年长沙王氏刻本　8 册　有跋

国朝廿四家文钞　乾隆六十年刻本　8 册　有跋

湖海文传　道光十七年经训堂刻本　16 册

明文授读　康熙三十八年张氏刻本　32 册　有跋

国朝文录　道光十九年瑞州刻本　32 册　有跋

国朝文续录　家刻本　30 册　有跋

文苑英华　明刻本　128 册

西清古鉴　光绪十四年上海鸿文书局石印本　24 册

玉海　嘉庆十一年合河康氏刻本　96 册

古今说海一百三十五种　道光元年苕泾邵氏刻本　24 册

太平广记　乾隆十八年槐荫草堂袖珍本　60 册

牧斋初学集　崇祯十七年刻本　30 册

（共计 792 部 9027 册，费用一万二千元，民国十七年三月六日购藏）

后 记

记得刚参加工作不久，进书库编目，接触了一些李慈铭的藏书题记，也没有做调查，先行作了抄录，不过后来再一了解，发现有些早在民国时期王重民先生就已经进行了整理，但是也有遗漏的。于是，自己对李慈铭读书记的整理现状做了详细的调查，撰写了一篇文章，发表在《文献》上，这算是我与李慈铭的初次结缘。

2004 年我有幸考入中国人民大学清史研究所，在黄爱平老师门下在职攻读文献学专业的博士学位。入学之初，在黄老师的指导下，确定了博士论文以李慈铭研究为题，当初设计的研究内容包括藏书、读书、著述、学术四个方面。不过限于学识和时间，论文主要集中在藏书、著述和学术方面，"读书"没有展开，"学术"也是浅尝辄止，最后算是勉强毕业。本书即是在博士论文的基础上修改、增补而成。

近十年来，李慈铭研究得到了大家的关注，涌现了不少专著和博硕士论文，这当然是非常可喜的事。不过，关于李慈铭经史研究成就的总结和评价尚待深入。本书虽有所涉及，但也只是浮光掠影，只能说心有余而力不足，尚待高明之士而为之。

李慈铭越缦堂藏书绝大部分现庋藏在国家图书馆。除开展李慈铭研究之外，我还和同事整理了尚未揭示的越缦堂藏书批校题跋，总计约七万字。这项工作已初步完成，待校对之后陆续发表，以期为推进李慈铭研究提供更多的基础资料。

刚入馆时，按照惯例，春节前组里都要拜访老同志，藉此我有幸认识了组内老专家薛英先生。薛老得知我在开展李慈铭读书记的整理工作后，给予了充分的肯定。他还是我的《越缦堂读书记整理叙略》一文和批校题跋整理稿的第一读者，提出了很多中肯的意见。现在薛老业已故去，但是他那风趣的话语和渊博的知识给我留下了深刻的印象，对于他的帮助谨铭记于心。

《文献》杂志原常务副主编王菡老师非常关注我的工作和研究，2004年在《文献》杂志上刊载了我的《越缦堂读书记整理叙略》一文。这对于刚走出校门不久的我而言是极大的鼓励，给了我继续开展李慈铭和其他学术研究的信心。

从最初的选题，到实质研究和论文修改过程中，我的导师黄爱平教授付出了极大的心血。在论文的撰写过程中，有几次我因为工作的原因想放弃，黄老师不断鼓励，使我走到最后。因此，这本书能够最后成形，黄老师厥功甚伟。只是弟子不敏，交出了这份不太满意的答卷。

国家图书馆出版社的领导和责任编辑南江涛对本书的出版给予了大力支持，在此表示衷心的感谢。

书中难免讹误之处，欢迎读者批评指正。

谢冬荣

2016 年 7 月